Ryuho Okawa
大川隆法

以愛跨越憎恨

Ⓡ 台灣幸福科學出版有限公司

▼ 2019年3月3日大川隆法先生於台北君悅酒店。

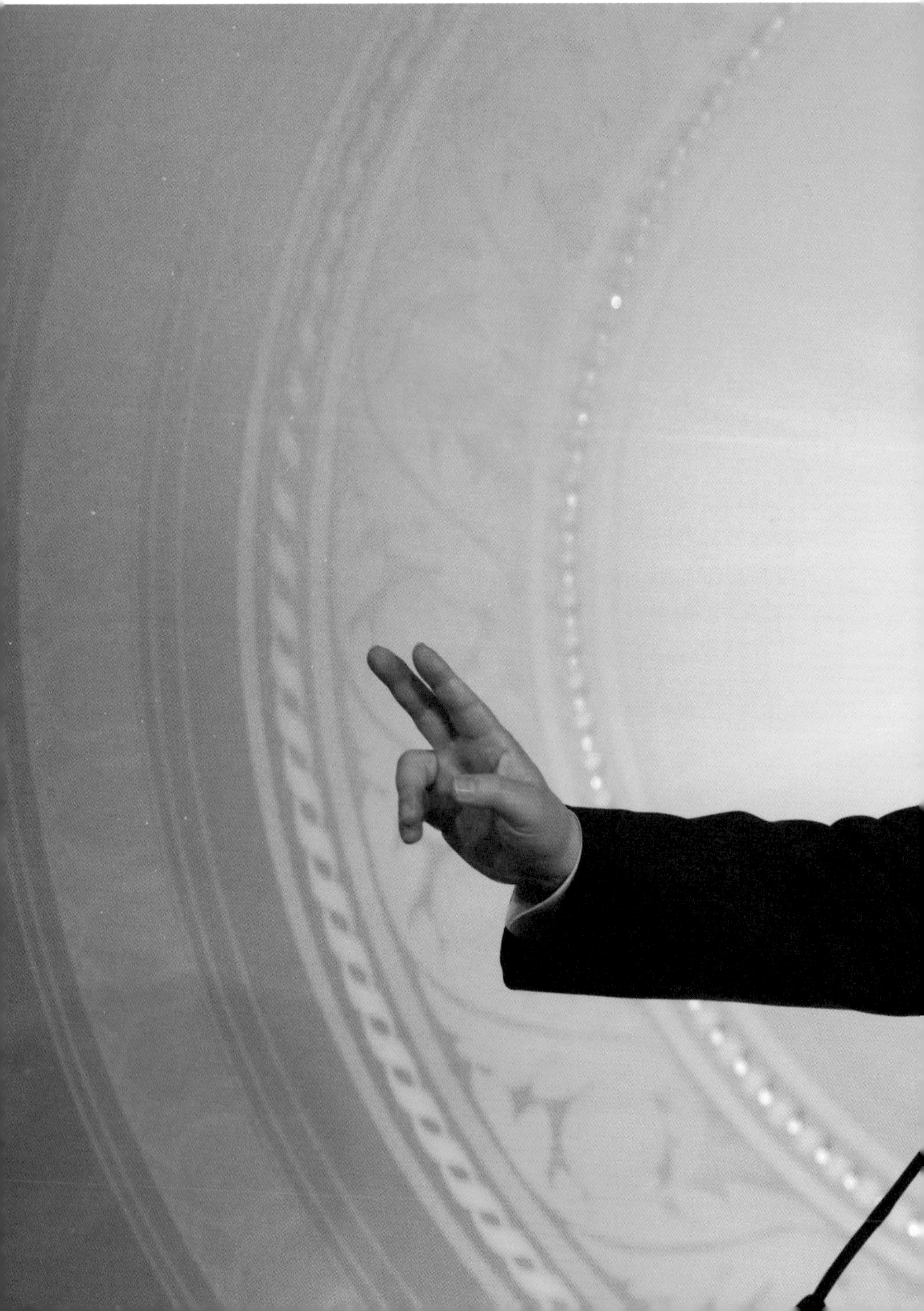

▼ 2019年3月3日台北君悅酒店講演會現場。

▼ 捷運車站內的講演會大型廣告。

▲ 台北市內的紀伊國屋書店，大川隆法著作專區。

第三章 「自由、民主、信仰」將拯救世界
——「毛澤東的靈言」講義——

前言

　　本書是我今年（二〇一九年）出版的著作中最重要的書籍之一。

　　這不僅是一本關於共產主義、極權主義，進行簡潔詮釋的現代政治教科書，同時，這也是為了遏止第三次世界大戰在亞洲、太平洋地區爆發，必讀的一本書。

　　今年三月三日，我以《以愛跨越憎恨》為題在臺灣舉行的講演，是我使出渾身解數的一個多小時的言論戰，亦是我冒著講演中被暗殺的危險，做出的不惜身命的一擊。

從結果來看，講演內容引來眾多聽眾感動，飯店內的講演會場當中，降下了眾多金粉，甚至有多人目擊金色柱子豎立於眼前。前來採訪的臺灣記者亦拍下了金粉憑空出現的影片。這應該成為了神心何在的證明。

　　二〇一九年三月九日

　　幸福科學集團創立者兼總裁　大川隆法

第一章

以愛跨越憎恨

二〇一九年三月三日　於臺灣臺北君悅酒店

1 以言論改變世界的 幸福科學

做為「日本與臺灣」、「臺灣與中國大陸」的橋樑

（會場響起掌聲。）

大家好。這是我時隔十一年[1]再次來到臺灣。能夠有這次講演機會，我感到十分高興。

今天這場講演並不是許久之前就決定好的。

1　二〇〇八年十一月九日，於幸福科學台北支部精舍以《佛國土烏托邦之實現》為題進行說法講演。參照《從李登輝的靈言看東亞情勢》第四章（九韻文化出版發行）。

其實，今年（二〇一九年）的二月初，臺灣的前總統李登輝先生寄給我他的親筆信和一套近似於自傳的 DVD。

我亦寫了一封感謝信給他，我拜讀了李登輝先生的信，九十六歲高齡的他，依然心繫臺灣的未來，憂思之心躍然紙上。對我這般尚且年輕的後輩，他謙虛地寫下了「臺灣的未來拜託你了」這樣的話。

我不知道自己可以做到什麼程度，但我應該是可以成為「日本與臺灣」、「臺灣與中國大陸」的橋樑吧！

我們在臺灣，亦有幾千位幸福科學的信眾。此外，在關係緊張的中華人民共和國，也有幾千位幸福科學的信眾。跨越國境，信徒之間進行著心靈交流。我是在兩個國家都擁有信眾的宗教團體的總裁。

現今，本會在世界上一百零五個國家推展著活動。這些國家之間，既有關係良好的，也有利益衝突的。即便如此，本會抱持著「透過相通於幸福科學信仰的教義，將世界眾人連結在一起」的願望，推動活動至今。

緩解憎恨、用愛讓國家發展

　　我並不知道能讓多少人們理解，但至少於日本，在「透過個人言論或書籍所造成的影響力」方面，我是最有力量的。

　　在這層意義上，我在世界各地的發言，經常被轉載於日本的報紙。

　　去年（二〇一八年）十月，我在德國柏林[2]舉行了講演。那時，我向人們述說了「中華人民共和國的新疆維吾爾自治區存在著強制收容所，一百萬以上的人們，現正處於嚴酷的洗腦教育狀態中」

一事。

於是，幾天之後，中華人民共和國正式承認了強制收容所（再教育設施）的存在。這件事登上了世界各國的報紙，也登上了日本的報紙。

因為存在這種情況，所以我認為「該說的話，一旦想到了，就必須得說出來才行」。

如同以上所述，幸福科學的教義探究的是，「何為超越各種宗教的差異之處的正確性」。在世界各地，若是有人置身於不合理的痛苦之中，或者是存在著被憎恨心支配的國家，我們即會以和平的言論手段，去和緩那些人們的痛苦，並且讓這個國家轉變以愛來發展、帶領國家。

2　二〇一八年十月七日，在德國柏林的柏靈麗思卡爾頓酒店，舉行了以「Love For the Future」為題的英語講演，並接受聽眾提問。參照《Love For the Future》（幸福科學出版發行）。

日本這個國家，在戰後很長一段時間裡，民眾陷入思考停滯，放棄思考的時代。在這個時候，幸福科學出現於世，指明了「未來應前進的方向」。

　　現今，日本執政黨是自由民主黨，表面上是這個黨執掌著政權，但實際上，日本政治的現實卻是，「基於由幸福科學或幸福科學集團中幸福實現黨所提出的方針，遲個兩三年之後，政權即會將那般方針做為政策去落實實行」。

有「熱情」、「幹勁」、「貫徹到底的持續力」的幸福科學

　　雖然今天講演會的規模還算很小，但今天的講演內容，不久就會在世界一百多個國家上映。這是一件很不得了的事，同樣的內容將會被全世界得知。

　　正因如此，希望人們不要輕視這股宗教的力

量。

我們可是很有韌性的。我們非常有韌性，不輕言放棄，一直以來皆非常堅韌、頑強。

哪怕與世間的輿論相悖，朝著完全相反的方向前進，對於「錯誤的事物」，幸福科學一直是一個會清楚表達自己意見的團體。

我十一年前來臺灣的時候，臺灣正進入馬英九總統的時代。坦率地說，當時我感到了「臺灣的危機」。「臺灣沒問題嗎？這樣下去，會不會被北京政府的意志拉著跑」，我對此非常擔心。

就在同一時期，在日本，在野黨民主黨在二〇〇九年之後掌握了政權，並產生了三名首相。

那時候，因為日本這個國家走向了錯誤的方向，我們成立了名為幸福實現黨的政黨，並且進行了激烈的批判。如此一來，民主黨政權在三年左右便告終結，換成了現在的安倍晉三政權，情況就是

如此。

就像這樣，刻意做著「其他人做不了的事」的就是幸福科學。

我雖然不知道我們是否具備著充分的實力，但是在「熱情」、「幹勁」、「貫徹到底的持續力」上，我們絕對不會遜色於其他任何一個團體。

首先，我們思考「何為神佛所見之正確」

在考慮世俗利害關係前，我們總是首先考慮「何為神佛所見之正確」。

世間當中，法治國家、法治主義、「用法律來決定正確與否，並讓人們遵守」，這實施得理所當然。這在中華人民共和國，或是中華民國臺灣也是一樣。

然而，即便是那般法治主義，實際上是「接受神佛的想法制定法律，並將其用於引導國民幸

福」，還是「不管神佛的想法，從事政治的人們，按照自己的方便制定法律」，這兩者之間存在著巨大差異。

因此，不是只要法治主義就好。制定法律的人們，是否抱持著符合神心的人生態度或遂行著工作，這一點至關重要。

2 臺灣與中國，
哪個才是正統？

「孫文、蔣介石、李登輝、蔡英文」的傳承才是
正統

　　在孫文之後，中華人民共和國與中華民國分裂
成兩個國家。這次來到臺灣之前，我曾降下其各
自的指導者們的靈言[3]，也就是已經身故之人的靈
言，或者是尚在世間之人的所謂「靈魂兄弟姐妹」
之守護靈的靈言。其中已有許多靈言發行成冊，雖

3　參照「孫文的靈性訊息」（收錄於《從李登輝守護靈的靈言看
　　東亞情勢》第四章〔九韻文化出版發行〕）、「日本啊！要做個
　　像樣的國家！─來自臺灣前總統李登輝守護靈的訊息」（收錄
　　於前揭書第一章）、《我可以做得更好─蔡英文的未來戰略》
　　（九韻文化出版發行）、《『中華民國』首屆總統蔣介石的靈言》
　　（台灣幸福科學出版發行）。

然還有一些尚未被翻譯成中文，但或許影像和聲音已經公諸於世。

透過這些靈言，可以大致了解到，無論是在中華人民共和國或是在此地臺灣，都將孫文稱呼為「國父」。而孫文革命以後，孫文、蔣介石，之後的李登輝、蔡英文的這個趨勢才是正統，這一點是非常明確的。

之所以能這麼說的原因，是因為，此一趨勢當中的人們，有很多人是死後回到天上界的高級靈界的人們。我沒有說全員皆是如此，或許有一些比較不同的人士。

另一方面，雖然中華人民共和國變得強大，不僅具有軍事力，經濟上亦有發展，政治實力也影響著世界。但遺憾的是，很明顯地從毛澤東到實現了改革開放的鄧小平，再到最近的習近平的流派當中，摻入了與我們抱持的「神佛意念」相左的想

法，且那些想法實在讓人難以苟同。

對臺灣的講演會非常厭惡的習近平守護靈

前一陣子，也就是今年二月，我在日本的名古屋舉行了「《毛澤東的靈言》講義」的講演（參照本書第三章）。

我是在日本的名古屋針對《毛澤東的靈言》（中文版收錄於《霸主的心聲》第二部　幸福科學出版發行）一書進行講演，用的是日語，聽眾也是日本人。但儘管如此，毛澤東的靈還是前來拚命施加壓力，試圖阻止此事，還表示他「很困擾」。

今早，在我來這個會場之前，習近平的守護靈前來交涉，「無論如何希望終止這個講演會」。時間不長，大概十三分鐘左右，我們也錄了音。整整十三分鐘，一直說著「希望你終止講演」。

今天這個會場預定只有九百多人前來，我心裡

以為「九百人左右的講演會，從十四億人口的中華人民共和國看來，應該幾乎不會有什麼影響吧！就像在大海裡投了一個小石頭，沒什麼關係吧！」但對方卻回答「不，沒有那回事。效果會一點一點出現。從四面八方進來的消息，讓人很不爽。拜託別說多餘的廢話，最好把講演會給我停了！」就像這樣，他一早就來與我交涉。

我心想「只是如此程度的小規模講演，他為什麼會感到那麼厭惡？要是我在天安門廣場舉行講演會的話，他肯定會跳腳，但我可是在臺灣，以臺灣人為中心進行講話，這為何會讓他那麼在意呢？」這可真的是不可思議。

「強者即是正義」的想法，在現代社會不通用

當然，他可以自由地抱持各種想法，並且依其想法去營運國家之際，要如何使國家發展、繁榮，

可以進行各種各樣的嘗試。

然而，我認為有一點不可偏離。現代終究是「現代」，也就是說，現今不是封建時代，和過去的戰國時代不同。「擁有武力或戰力的強者迫使弱者屈服，強者代表正義」的想法，已在現代社會行不通了。

我必須強調，何為國際社會所允許，何為國際社會所不允許，中國對此必須要審慎思量才行。

3 極權主義國家中國的錯誤

美朝首腦會談的決裂，對臺灣來說是好事

在我來到這裡之前（二月二十七日～二十八日），在越南的河內，美國的川普總統和北韓的金正恩進行了會談。會談結果對外宣稱為「繼續保持對話」，但我認為那是實質的決裂。

我認為這對臺灣來說是件好事。在會談之前，外界預測川普會做出大幅度讓步。

如果美國的總統專程跑到一個曾經與美國為敵的越南與金正恩會面，並與其平起平坐，甚至尊其為上賓，那麼川普要是再讓步，我認為這對臺灣就非常危險了。所幸川普總統在事態發展到那一步之前止步了。

如果北韓能與美國平等對話，在口頭上能與美國進行角力的話，那就意味著在今後「臺灣與中華人民共和國」的對話中，美國的影響力將極為衰弱。

做為現實問題來說，金正恩想法的錯誤在於，美國對北韓的經濟實力（GDP）是「一千一百比一」，北韓只有美國的一千一百分之一。僅有如此經濟實力，便想透過原子彈和氫彈，與美國進行對等作戰，如此指導者的想法，真的是有欠考慮。

眾多人民尚苦於飢餓，並且政治活動受到限制，甚至被送到強制收容所的情況之下，國家領導人卻打算開發出氫彈殺出一條血路。從民主主義國家看來，應該迫使這樣的領導人進行嚴厲反省。對於如此的對手，美國總統過於讓步是一個問題。

我認為川普總統正一點一點地讓對手明白如此道理，並且試圖以和平的方式解決。

然而，北韓最好明白「北韓並非是與美國對等的」。

以投票進行「永續革命」的民主主義國家

　　對國民來說，如果國家的領導者會給自己帶來不利，或者會讓自己將來變得悲慘、痛苦，那麼在民主主義國家當中，國民就可透過投票更換這個領導人。

　　這是在某種意義上的「永續革命」。可以不用死任何一個人，就能改變國家的體制。這就是主權在民，「國民享有主權」的想法。

　　然而，在那些國民無法實現這般權利的國家，如果國民想要改變政治體制，就會遭到鎮壓、肅清、虐殺。在這樣的國家，「政治的自由」、「言論的自由」、「出版的自由」，或者是「信教的自由」等都等同於不存在。

如此價值觀，看似是可以選擇的，但實際上卻是沒有選擇餘地。那是因為，從更遠大的視角來看，建立一個足以讓更多的人獲得幸福的政治體制和經濟體制，才是現代社會的目標。

極權主義國家的三個特徵

　　過去的第二次世界大戰，戰後人們對於那一場戰爭的評價是「一場法西斯主義[4]對民主主義的戰爭」。

　　然而，嚴格來說，那還存在著不同的一面。

　　譬如，「蘇維埃聯邦」這個國家，在戰後可以很明顯地看到，他們就是一個戰爭中德國或義大利一般的法西斯國家；確實可以這樣說。

4　法西斯主義　第一次世界大戰後出現的極權主義的政治體制。大多是一黨獨裁，且採取侵略政策。從義大利的法西斯黨開始，之後蔓延至德國、西班牙等國。

在此，我來講述判斷是否為極權主義國家的依據。

所謂「極權主義國家[5]」，就是一個認為「人民和國民都是為了國家而存在」的國家。「國民是為了支持國家而存在，如果國民不能為國家奉獻，那麼此人的生死由國家自由處置，這也是沒辦法的事」、「為了讓具有唯一意志的國家能夠存續，國民的人權即便遭到限制或鎮壓，也是沒辦法的事」。

這種國家就是所謂的「極權主義國家」。

我來列舉其特徵。此為美國政治哲學家漢娜‧鄂蘭[6]的定義，想要看「這個國家是否為極權主義國家」，只要看接下來列舉的三點就能明白。

第一點是，是否有「秘密警察」、「特別警察」在監視著國民。「秘密警察的存在」是一個特徵。

第二點是，是否存在「強制收容所」。也就是說，執政者會將對於政權進行反抗或者批判的國民關押起來，使其無法再發聲。這種與世隔離的「強制收容所」是否存在，是第二個特徵。

　　第三點就是，是否存在「肅清」或「虐殺」。即是否存在著「對當時政權不利的人們，在不經過充分的審判程序之下，就予以殺害，使其消失」的體制。

　　「秘密警察的存在」、「強制收容所的存在」、「肅清」，漢娜 鄂蘭認為只要同時具備這

5　極權主義國家　為了國家或民族的發展，採取犧牲國民自由與權利體制的一種國家。

6　漢娜‧鄂蘭（一九〇六～一九七五年）政治學家、哲學家。猶太人，生於德國。一九三三年納粹政權成立後，逃往巴黎，一九五一年加入美國國籍。同年，發表《極權主義的起源》，聚焦在反猶太主義與帝國主義，探尋了納粹主義與史大林主義的根源。

三個特徵就是極權主義國家。

　　如今，臺灣並不符合任何一個條件。從這層意義上來說，臺灣並非極權主義國家，而是西洋型的「自由」、「民主主義」與「信仰」並存的國家；這是我之所見。

毛澤東撒下的「先軍思想」殘留在中國

　　那麼，隔壁的中華人民共和國又是什麼樣的國家呢？人口眾多，經濟發展迅速，乍看之下，能夠看到一些理想的部分。

　　然而，在香港從英國歸還給中華人民共和國之後，香港的人們說著「生活變得艱難，自由被限制，無法看到未來」，我想這應該是實話吧！

　　結束了英國一百五十年的殖民統治（一八四二年～一九九七年），被返還給中華人民共和國的香港居民，在回歸之後，變得貧窮、自由受到限制，

甚至必須爆發「雨傘革命」。如此狀態說明，做為領土接收方的國家，抱持著「這是自己的領土，怎麼搞都沒問題」的想法是行不通的。

況且，中國身處世界的領導地位的國家之一，應該多了解一下世界，認識一下「世界上的人們，是如何看待自己」為宜。

我認為，現今的中華人民共和國的問題點，用一句話來說就是「習近平是一個國際常識音痴」。

若是他能夠去分析國際社會的情勢，並予以理解的話，中國應該就會有所改變。

為此，我已經出版了好幾本他的守護靈靈言[7]，並對他講述意見，就是希望他能夠做出改變。

---

7 參考《以成為世界皇帝為目標之人——探尋習近平的本心》、《中國與習近平是否有未來》（均為幸福實現黨發行）《守護靈採訪 習近平支配世界的劇本》、《霸主的心聲》（第一部 習近平守護靈談鎮壓維吾爾》（均為幸福科學出版社發行）。

模仿中華人民共和國的體制而建立的北韓，如今已經是那副慘狀。北韓模仿中華人民共和國實施先軍政策，在之後想轉向市場經濟等，但那根本就是辦不到的事。

　　中華人民共和國的經濟得以發展的原因是，在「大躍進政策[8]」失敗、「文化大革命[9]」失敗、毛澤東死去後，鄧小平十分謙虛地對日本的企業說「希望你們進入中國。希望能讓工廠製造出生產性

8　大躍進政策　一九五八年到一九六一年間，由毛澤東主導，以農業、工業的大增產為目標的政策。煽動全體國民開展增產運動，用非科學的農業改革和原始的製鐵技術，再加上不切實際的生產目標，反而造成了生產力大幅度下降。農村的荒廢導致出現大飢荒，數千萬人餓死。

9　文化大革命　一九六〇年代後半開始，由毛澤東主導，大約持續十年的政治鬥爭。具有資本主義傾向的政治家、知識分子遭到肅清，宗教遭到否定，大量文化遺產遭到破壞。被稱為「紅衛兵」的學生和青年的政治組織為主要的實施者。據中國國外的研究顯示，犧牲者多達兩千萬人。

更高的產品，請教導我們讓國民變富裕的方法」。因為受到這個邀請，日本經濟界的人士才將生產據點真的轉移到中國大陸，在中國建廠，增加了中華人民共和國的 GDP。從結果來看，國家的經濟實力確實大幅度增加了。

然而，雖然是在表面上，中華人民共和國在政治方面仍維持著馬克思列寧主義。也就是說，中國有些部分模仿著日本，有些地方則沒有模仿。經濟變富裕之後，毛澤東播撒下的「先軍思想」依然繼續留存。

而那些部分也就成為了今天讓世界產生混亂的最大要因。

4 將臺灣的「自由、民主、信仰」傳遞至中國本土

已經成長為「別的國家」的臺灣，沒必要獨立

昨天（二〇一九年三月二日）日本的報紙《產經新聞》[10] 的頭版，刊登了東京本社的編集局長在臺灣總統府採訪蔡英文總統的報導。

並且，我今早看到的臺灣的英文報紙及中文報紙上，也刊登了這個報導的部分內容。我認為，無論誰成為臺灣的領導人，都不得不面對同樣的問題。這並非是選擇「民進黨或國民黨」的問題。

---

10 二〇一九年三月二日，《產經新聞》刊登了蔡英文總統的專訪。其中，蔡英文總統在中國威脅日益高漲的背景中，就安全保障問題，首次表明了希望與日本政府進行對話。

如同我先前所述，極權主義國家與民主主義國家之間，有著非常明顯的差異。

極權主義國家是「為了國家機器而犧牲國民的國家」。

另一方面，在民主主義國家當中，「讓國民幸福才是國家的工作」。也就是說，國家的菁英們、官員們，皆是為了國民的幸福而走上仕途的人們、公僕。如果那些高級官員、政治家、官僚做不到這樣，那麼國民就有權力隨時讓他們辭職。這就是民主主義的國家。

從這層意義上來說，臺灣具有和中華人民共和國不同的文化、文明。

如果蔡英文女士將獨立說出口，那麼中國就會變得強硬，進而讓臺灣在外交上受到不利的對待。因此她不能那樣說，所以她在遣詞用字上變得十分抽象。但臺灣實無獨立的必要。

臺灣本身已經成長為「別的國家」，我認為這個國家是另一個國家。

把臺灣的自由、民主、信仰與繁榮，廣布於中國本土

我想拜託各位的是，請將臺灣的繁榮與發展、民主主義、自由主義，還有資本主義式的思考方式，以及重視信仰的想法，廣布於中國本土。其實，這將造就中國人民的幸福。

現今，香港的人們正處在非常煎熬的狀態，我希望能為他們做些什麼。

臺灣的人們或許現在只能考慮臺灣自己的事，但如果香港的人們未來遭逢苦境，希望各位能夠抱持著「想要幫助他們」的心境。這亦是我的願望。

不要讓人們受苦，並且要選擇「讓人們獲得幸福的政治」。我必須清楚地強調，每一個人、每一

個國民皆有創造、打造如此政治的責任、義務、權
利。

5 日本得和臺灣恢復邦交

看中國的臉色，與臺灣斷絕邦交的日本真沒出息

日本自己在這方面，也是同樣有著無法清楚地表達自己意見的一面。

一九七二年田中角榮擔任首相的時候，日中恢復了邦交，日本與中華人民共和國恢復邦交的同時，單方面斷絕了與臺灣的邦交。

對於日本做出的這種行為，我感到非常羞恥。至少我認為，做為一個武士道的國家，是不應該做出那種事的。

中華人民共和國成為了一個大國，與其建立邦交是無所謂，而對方表示希望與日本建交，那也沒有問題。

但是，關於中華人民共和國說「臺灣是自己的領土」，這是他們的意見，不是日本的意見，日本可以與其建立邦交，但是單方面拋棄臺灣的想法是錯誤的。

　　第二次世界大戰中，眾多的臺灣人是以「日本人」的立場參戰而陣亡。在日本的靖國神社裡，其英靈也被祀奉著。

　　想到這一點，我認為看中國的臉色，與臺灣斷交的日本，做為一個國家來說真沒出息。

　　日本有日本的立場。因此，當時的日本應當做出日本認為正確的選擇。我認為正因為日本當時沒有做到那一點，才造成現今臺灣的未來處於非常不安定的狀態。

日臺美合力，守護亞太平洋的自由世界

　　我們的力量雖然不是那麼充足，但幸福科學或幸福實現黨，至今在我所陳述的宗旨之下，正積極地推展著活動。

　　幸福實現黨方面強烈主張「日本應與臺灣恢復邦交」。並且，在與臺灣的邦交恢復的基礎上，我們還進一步主張「日本有必要與臺灣樹立同盟關係」。

　　此外，我認為包括美國在內，日臺美三國若能合力，守護亞太地區的自由世界，這對世界也是有益的。我希望這般價值觀可以波及到中國本土。

　　在中國本土，國民被監視攝影機監視著，甚至行動電話、智慧型手機裡的內容也被窺視，國民處於國家的管理之下。

　　這一切，宛如將喬治・歐威爾的小說《一九八四》[11] 中描寫的未來社會變成了現實。對尚未察覺

國家已經變成如此的人們，教導他們「這並非是國家的應有之姿」，我相信這是神佛應做之事，這也是相信神佛的人們應做之事。

但是請不用擔心。

日本的人們，這次不會背棄臺灣不管。

現今，日本這個國家正逐漸改變中。日本不僅會保衛自己的國家，對於臺灣海峽，或者是南海、東海，也就是菲律賓，越南，萬一遭受了外國的侵略，日本將會與美國一同構建共同防衛體制。並且，那能夠在短時間之內即能夠做得到。

北韓已經有核子武裝，日本只是沒有那麼做而已。現今只要日本想要核子武裝，隨時就能辦得

---

11 《一九八四》 英國作家喬治·歐威爾（一九〇三～一九五〇年）的近未來小說。描寫了極權主義國家下監視社會的恐怖。一九四九年發行。

到。我們已經具備了只要有兩年時間，就能簡單辦到的技術，但只是沒有那麼做而已。

因為日本不希望與他國的邦交惡化，盡可能地把亞洲帶往和平的方向，所以沒有推動核武而已。但萬一金正恩這個人，拒絕美國的主張，打算照自己的自由去做的話，或許日本就到了不得不考慮配備核武的時候。

至少，我認為關於臺灣的未來，日本應當負有一定的責任。

此次，在李登輝先生給我的信中，我看到這位九十六歲的長者尚在擔心未來之事，我覺得自己必須針對「日本應有何之姿」表達意見，所以才將想法於此陳述。

6 我的話語，不是「預言」而是「神的計劃」

我所說的，並不會於此刻立即實現。

然而，我所說的，在兩、三年，最遲十年之內就會成真。

未來的社會，構築在我所說的話語之上。

未來，必定會在我話語的延長線上展開。

這是至今的現實，也是今後應發生的現實。

我想應該有很多人想要聆聽「未來會變得如何」的預言。

但我說的不是預言。

而是「神的計劃」。

而是「神是如何思考」、「神想做什麼」。

對此我正敘述著。

世界正朝著那方向變化著。

日本今後不會背棄臺灣不管，當為之事一定會有所為。

為此，日本正持續積蓄著力量。

希望各位也能鼓起勇氣，講述並主張你所認為的正確之事，並且認識到「未來是靠自己的雙手創造的」。

我相信，這種必須仰他國的鼻息、看他國的臉色，不得不選擇該說什麼話語的時代，一直長久地持續下去並非是一種好事。

如果臺灣屬於自由主義圈，那麼就該清楚地說出該說的話。

希望各位知道，在人制定的法律或憲法之上，尚存在著神佛的教義。

7 拋棄憎恨，選擇施愛

悍然拒絕今後臺灣人們會活在痛苦當中的未來

戰後，日本雖然改變了憲法，但其中卻遺忘了某件事。

美國和歐洲各國，在「基督教價值觀」的背景下，人們制定法律、組織議會、判斷事物、實行政治。也就是說，他們心中有著「信仰」，進而實行著「民主主義」。這一點，日本的政治家們忘記了，有很多大眾媒體也都忘記了。

現今，我想要回到那原點。

我悍然拒絕今後臺灣人們會活在痛苦當中的未來。

如果各位實在感到苦惱的話，請到幸福科學告

訴我們，我們將竭盡所能去做能做的事。幸福科學在日本有著最強的言論力量，是一個敢對世界說出該說的話的團體。

為了維吾爾遭到鎮壓的數百萬穆斯林

先前我提到了維吾爾的例子，真的是太可憐了。維吾爾雖然被叫做「自治區」，但實際上，現今那邊的強制收容所當中關押著大約一百二十萬人。還有二百萬人左右，是以來回於收容所的方式，接受再教育、洗腦教育。

並且，身在日本的維吾爾獨立運動者，會接到從中國本土打來的電話，電話當中說著「你的哥哥在強制收容所，你知不知道啊」、「你的母親在強制收容所，你知不知道啊」。

然而，這是明顯的「主權侵害」。在日本國內，無論此人是哪個國家的人、無論此人信仰什麼

宗教，此人要進行政治活動、進行各種言論活動、從事何種出版活動，都是自由的。這些事情在日本都是自由的，因此那是很明顯的「主權侵害」。

對於這種行為，我們感到非常氣憤。

我們詢問這些在日本的維吾爾族人，「明明在涉谷等處有大清真寺，你們為什麼不去那邊尋求協助呢？」對方回答說：「清真寺當中有很多中國本土的間諜，去不得。」這太令人驚訝了，居然有這種事。

至今，還聽不到任何一個伊斯蘭教國家，對於中國的那般行為提出批判的聲音，直到最近，土耳其[12]才終於開始表示「那是不對的」。

之所以維吾爾獨立運動的指導者，會來到我們這裡的理由，是對方表示「幾年前，我們曾向安倍首相求助過，但是對方無動於衷，因此我們覺得只有來拜託大川隆法先生了」。

既然如此，那我就必須有所行動才行。或許我們並沒有必要為穆斯林發聲，但我們依舊在聯合國發表了意見，也在德國發表了意見。並且，此次在臺灣也講述了意見。

超越過去的憎恨，構築建設性的未來

　　我在看待事物時，總是會從「何為正確」的角度出發。因為我認為，人們應當在此前提之下構築未來。

　　這就是我此次從日本來臺灣想傳達給各位的話語，並且這對習近平來說，是絕對不希望我講述的話語。

---

12 針對中國政府在新疆維吾爾自治區，肆意拘禁了一百萬人以上的維吾爾族，在收容所（再教育設施）中進行拷問和洗腦等行為，二〇一九年二月九日，土耳其政府發表了聲明，譴責這種行為是「人類社會最大的恥辱」，並要求關閉收容所。

該說的我已經說了。今後，各位要選擇何種未來，是各位自己的問題。

日本會竭盡所能有所作為，各位對此一點可以相信。

要如何創造未來，取決於各位每一個人，或者是各位齊心協力的結果。對此，我不會加以拘束。

然而，請不要忘記你們還有著「朋友」。

並且，世界當中，在外交關係上，有著最多邦交國家[13] 的就是日本。所以，藉由與日本連結，即能連接世界。

現今臺灣的問題是，有邦交關係的國家數量不斷減少。十一年前，我來臺灣巡錫的時候，當時臺灣還有二十三個邦交國，但現在就像是「切義大利

---

13 與日本建立邦交的國家有一百九十五個。與日本沒有邦交的是北韓、臺灣，巴勒斯坦等。

香腸一樣」，邦交國不斷減少（至二〇一九年三月有十七個國家）。最後，我想情況會變得非常嚴峻。

但願日臺關係不要被過去的憎恨等各種情緒羈絆住，請跨越那般情緒，一同構築一個具建設性的未來。若能如此則幸甚大焉。

最後再提一事，在中華人民共和國國內或北韓國內，也存在著為了追求自由和國民的幸福而活動的人們，但願各位你們亦能傾聽他們的聲音。

我的講演到此結束，謝謝各位。

（會場響起掌聲。）

▲ 2019年3月3日，講演會會場外觀（台北君悅酒店）。

第二章

「人類的幸福」與「國家」

——提問與回答——

二〇一九年三月三日　於臺灣臺北君悅酒店

▶ 提問一

　　現今，中國政府用盡各種手段迫使世界各國承認「臺灣是中國的一部分」。中國越是做出這種行為，就越是讓臺灣人覺得反感。

　　中國的思想家孔子曾說過一個教誨，那就是「近者悅，遠者來」。意思是「一個國家若是讓人民真正的幸福，外國的人們就會靠近而來」。

　　然而，中國政府似乎忘了孔子的這個教誨。對於那些總是想「讓臺灣成為中國一部分」的中國領導者們，請問您有什麼建議？

　　此外，對於二〇二〇年臺灣的總統候選人，若是您有何種建議，望請賜教。

1 何為「中國」與「臺灣」
應有的未來

「同一個民族，就應該是同一個國家」此說法說
不通

　　北京政府主張「臺灣是中國的一部分」的理由
之一，就是「中國和臺灣是同一個民族，就應該是
同一個國家。」

　　然而，歐洲的瑞典人和德國人也同樣都是日耳
曼民族。就像這樣，即使是同樣的民族，但是世界
上應該沒有人會說「瑞典和德國是同一個國家」
吧！

　　因此，「同一個民族」不會成為「必須是同一
個國家」的理由。只舉這一個例子人們就會明白，
那不是一個理由。

「中華民國的國土，被中華人民共和國奪走了」，這才是正確的歷史

此外，臺灣之所以能夠獨立，是因為在第二次世界大戰中日本戰敗了。特別是日本敗給了美國，其結果臺灣獨立了。

並且，當時的狀況是，蔣介石的「中華民國」為聯合國所承認，是聯合國的常任理事國。因此，人們必須了解到「因為日本戰敗，進而獨立的是中華民國，而不是中華人民共和國。」

在那之後的四年後（一九四九年），在內戰中勝出的毛澤東，將蔣介石追趕到了臺灣，所以國家才一分為二。從此一歷史來看，「中華民國的國土，被中華人民共和國奪走了」，這才是正確的歷史。這是一個正確的歷史觀，除此以外的想法不可能成立。

總之，中華民國被奪走了國土。因此，中華人

民共和國沒有立場可以說「把我的東西還給我」，因為，那本來就不是他們的東西。

中華民國被中國共產黨奪走了大部分江山，在臺灣隱忍至今。最後連這個隱忍之地，他們還一直叫著「還給我」。這真的是「慾望深重」。

對北京政府說，香港「一國兩制制度」是一個謊言

然而，如果中華人民共和國是一個好的國家，各位加入這樣的國家若能變得更為幸福的話，對此我並不反對，那亦是一種合理的想法。畢竟歷史是流動的，和他們在一起，若能成為更偉大的中國，進而獲得幸福的話，對此我也是贊成。

然而，他們的「大中華帝國」，就像我先前所述，實行的是一種極權主義（參照本書第一章）。

因此，加入他們的陣營中，各位至今幾十年努

力在臺灣建立的「民主主義」、「自由體制」、「有信仰的國家」，如此支撐著人類最重要的基本人權的制度，就會被徹底顛覆。

當然，中國會說可以實行「一國兩制的制度」、「一個國家，但是可實施不同的制度」。但是，如此承諾，在香港已經瓦解了。

北京政府對香港承諾「回歸後，五十年期間（繼續保持從英國沿襲而來的制度）實施一國兩制，保障至今同樣的自由與繁榮」。

然而，還沒過十年，香港的自由就逐漸崩壞，若問香港人，此人就會清楚地說「我們變貧窮了」。終究這就是想法上有所差異，或許應該說「他們做的和說的不同」。

如果中華人民共和國對臺灣說那樣的話，那麼各位應該對他們說「請你們好好地在香港實行給我們看看」。如果能做到這一點，那麼在五十年內臺

灣也是安全的，那般說法方才可行。

但是，現今香港的一國兩制可不是沒被實行嗎？這太奇怪了。因此，可以說北京政府對國際社會說了謊。

關於這情形，請各位清楚地對他們講出這些話語。

中華人民共和國的「軍事力」不足為懼的理由

此外，中華人民共和國人口眾多、經濟總額大、軍事力很強，或許各位會感到「害怕」。但是在現階段，其實那並沒有到值得恐懼的程度。

川普總統就任以來，美國的想法有了很大的改變。去年（二〇一八年）秋天以後，美國在關島配置了十幾架戰略轟炸機。這種戰略轟炸機能飛到一萬五千公尺的高度，再實施轟炸。

為了對付這種戰略轟炸機，中華人民共和國持

有俄羅斯製造的對空導彈。但是，這個對空導彈無法打到一萬公尺高的地方。

也就是說，美國方面不僅不會被打到，還可以向對方進行有效攻擊。並且，這個攻擊的目標皆集中於北京。美國去年秋天之後，用導彈和轟炸機構建了全面「攻擊北京」的系統。

因此，在現階段如果美國真的動手的話，北京政府是完全無能為力的，北韓更是不在話下。這簡直就是「玩遊戲的水平」，如果美國真的採取行動，類似「攻擊北京」的情況，也會發生在北韓。

另一方面，中華人民共和國這一方，正在製造不從海上發射，而是從陸地上發射可以擊沉美國第七艦隊航母的導彈。

但是，此刻日本也在製造導彈，以攔截從中國本土發射的中程導彈。也就是說，為了保護美國航母不被攻擊，日本國內正加強軍事抑制力。從這層

意義上來說，各位不需要擔心中國的軍事力。

最重要的是，各位的心不要動搖。

中華人民共和國應該變成真正的「議會制國家」

我的願望，是在中國大陸建立一個能加入香港人的意見，並以臺灣、香港的想法為思考中心的政黨。讓中華人民共和國，至少能成為一個兩大政黨制的國家。

建立一個例如「自由中國黨」之類名字的政黨，「中國共產黨」與這個政黨進行政策競爭，我希望讓中國變成一個真正的「議會制國家」。

各位有著說出這些話語的權利，並且也可以跟他們說「如果沒有辦法讓我們幸福，那就沒有必要一起成為一個國家」。

▶ 提問二

　　您在十一年前的臺灣巡錫說法中提到，「國家的統一，未必就代表著正義、良善，或者最佳。比起統一國家，更重要的是建立『能夠使人民過上幸福生活、使人們透過自身的努力開拓前路、變得幸福』的社會」。能否請您告訴我們，您所提及的「幸福」的定義為何？

2 讓人們能幸福生活的國家樣貌為何？

在民主主義中，人不是「工具」而是「目的」

關於讓人們幸福的方法，有各種各樣的思想家、政治家於世間進行了嘗試。關於「人要如何才能幸福」的問題，若是接續先前的話題，我認為在民主主義制度下，「每一個人並非是工具而是目的」。

也就是說，「讓國民變得幸福，是政治和經濟、其他文化活動的目的。人並非是為了奉獻國家而存在的工具」，如此想法即是民主主義制度。

與此相反，極權主義制度為了國家的體面、面子、名譽、威信等，即使犧牲掉人們也無所謂。這樣的國家，在歷史上比比皆是。在封建主義或君主

制中出現「邪惡國王」的時候，那樣的時代就會持續下去。

譬如，像是泰國這個國家。我今年（二○一九年）一月本來想去泰國舉行講演，後來卻放棄了。放棄前往泰國，這已經是第三次了。

泰國是一個君主制國家，他們討厭共產主義並對其進行著批判。但儘管如此，我還是難以進入泰國。那是因為，泰國的國王在某種意義上來說是一種「神」，泰國有一個制度是「對『神』的不敬之罪將不可饒恕」。

當然，在泰國國內不可以批判泰國的制度或國王，就算是在國外批判也不行。若是有人在泰國以外的地方進行批判，只要此人一進到泰國，就會被逮捕。在一個批判共產主義的國家當中，竟然存在著如此的君主制度。

雖然如此，國家有政黨也有議會，但是國王手

握軍隊，只要國王下令就可以調遣軍隊。在這種狀態下，政治方面無論做出何種決定都無法戰勝軍隊。因此，雖然徒有民主主義之形，卻無法行民主主義之實。

　　所以，在反對共產主義的反共陣營中，令人遺憾的是，也有存在近似於獨裁的國家。

共產主義能實現的只是「貧窮的平等」

　　看到這些方面，從整體來說，「國民享有主權」的這種主權在民的想法，是非常具有革命性的思想。若是從根本來說，這與「理想的共產主義」應該相符合。這說法或許很難理解，但是就思想來說，理應就是這樣。

　　那是因為，共產主義最原本的想法是，「萬國的無產階級（勞動者階級）啊！團結起來吧！打倒那些壓榨我們的資本家吧！勞動者們自己為政，建

立起一個自己做主的國家，一個新的烏托邦吧」！

　　然而，實際去做之後，卻無法變成那樣。共產主義能實現的只是「貧窮的平等」，可以讓大家都一樣貧困，卻無法創造出「富裕的平等」。

　　若是想要創造出富裕，「藉由窮盡自己的智慧、拚命地努力、流汗，完成優於他人的工作，如此才會出現變得豐盈的人們」，對於如此想法要予以認同才行，否則是不會出現富裕。但是對那些比別人勤奮、能賺大錢、能創建公司的人，共產主義是予以嫉妒的。「努力做大的企業，或者是努力創造的財富都是不正當，所以應該全都分給大家」，共產主義就是這種思想。

　　共產主義在出發點上，本來也有一些很好的地方，但問題在於「共產黨清楚地有將嫉妒心合理化的思想」。

　　並且，在這般嫉妒心作祟，扯努力追求成功之

人後腿的制度之下，國家既無法實現富裕，人們也只能享受「貧窮的平等」。

為了開拓中國的未來，除「日本化」之外，別無其他方法

在共產主義國家當中，人們應該都是平等，但是在中華人民共和國當中，共產黨大約有九千萬人，這些占人口百分之六的人們，就像日本曾經出現的武士階級一樣存在，其下，存在著透過商業賺錢的人們，這些人會被邀請成為共產黨的幹部。再下面則是存在著工廠勞動者，再下面則是農民，在農民之下，還有吃不上飯的人們。

在中國大陸，有著非常懸殊的貧富差距，比日本的貧富差距還要來得更巨大。

另一方面，將「富裕的平等」首次在世界上實現的，其實是日本。日本不是共產主義，但在某種

意義上來說，實現了富裕的平等。

在中國，因為過去的「大躍進政策」和「文化大革命」失敗，造成數千萬人喪命。毛澤東之後，鄧小平開創了改革開放的經濟發展，即「經濟上自由，不管白貓或黑貓，能抓住老鼠就是好貓。能賺錢的人就要盡力去賺」。因為實施了如此經濟政策，才避免像蘇聯一樣垮台的下場。我認為這在當時是全新的做法。

但是，這種方式也走到了極限。日本曾經經歷過的「泡沫經濟的崩壞」，在中國已經開始了。

國家主導型的計劃經濟，必然會失敗。那是因為在中央制定計劃的官僚，絕對不知道「若是將這些計劃推廣到國家的各個角落，到底會變成什麼模樣」。

然後，各個地方必定會按照計劃中的數字，呈報給中央。如此一來，對外就算是完成了計劃，但

實際上，根本就不是那麼一回事。但是，身在中央的人，卻不知道這一點。

日本已經經歷類似經驗。「泡沫經濟崩壞」的慘痛經驗，日本已經經歷過了。

日本並沒有實行共產主義，在社會福利制度中，加入「財富的再分配」思想，對於貧困之人，提供一定程度的生活保障。

因此，財富再分配得以實現，基本上日本形成了一間公司的社長與新進職員的薪資，只有十倍差距的社會。有一些優秀的經營者，的確應該可以拿到更高的報酬。

中國本土的一部分特權階級、政治家們，擁有著幾百億日元、幾千億日元左右的資產，這種事情，在日本首先就是不可能。日本雖然不是共產主義，其實卻實現了共產主義的一部分理想。

因此，如果中國想要開拓未來的話，或許除了

「日本化」之外，別無其他方法。關鍵就看他們能不能意識到這一點了。

並且，他們不久之後應該就會意識到，「用軍事擴張對他國施加壓力的路線，是無法實現藉由自由貿易帶來的幸福」。

日本向中國發起「金融戰爭」的可能性

此外，今後日本應該會對中國發起「金融戰爭[14]」吧！對此，我這裡已經提出了意見，我想不久之後日本就會如此行事。

「利用金融之力，哪一方能夠創造出資本主義式的勝利系統」，今後將會開始如此競爭。

很遺憾，北京政府並沒有真正理解資本理論，所以我認為日本會勝出。這一點，過幾年之後就自會見分曉了。

幸福科學已經描繪著這般「未來設計圖」，我

認為未來會朝這個方向展開。

創造一個能實際感受「明年比今年好」的社會

　　從結論來說，各位每一個人創造出能實際感受到「今年比去年好」、「明年比今年更好」的社會，那即是「幸福」。

　　像北韓那樣「只有國家領導人一人幸福」，或像中國共產黨那樣「只有一部分菁英賺錢、把持權力、將反對之人關進強制收容所，進行肅清」，這樣的國家，對於各位來說，或許不會感到幸福吧！

　　畢竟，「珍視每一個人，對每一個人都愛護」，重視如此理念才是最重要的。

---

14 二〇一九年二月十七日收錄的「日銀 黑田東彥總裁守護靈靈言」中，黑田總裁的守護靈暗示了，日本將對中國發起金融戰爭的可能性。

李登輝先生也說過，若是中國沒有「民主」、「自由」、「公平」的話，一國兩制說了也是信口雌黃，他也曾說過「被北京政府合併簡直不可想像」。

　　這裡指的「公平」是什麼呢？在資本主義的原理中，依靠當事人的智慧和努力能夠創造出某種成就，而如此成就必須以一定的基準予以認同，這就是公平。

　　如果只講「結果平等」，那麼無論多努力工作，也還是和別人同樣，漸漸地社會就會變得沒人工作。終究這是必須要予以克服的。

　　重要的原理，已經被世界周知，剩下的就是「如何取捨，選擇去學習什麼」的問題了。

　　現在有很多臺灣人前往各種國家留學，然而，即便可以在那些國家學習到外語，但是卻學不到為了開拓未來的重要想法或思想。

現今，只有在幸福科學的教義、幸福科學的書籍群中學習得到。

這是逐漸被世界周知的事態。

我已經出版了兩千五百本以上的書籍。

進行了兩千九百次以上的說法講演。

世界上有數億人正在閱讀我的書。

世界正朝著這個方向發展。

雖然速度緩慢，但是世界必定會朝著我所述說的方向發展。

在二十二世紀，我所說的一切將會成為常識。

謝謝。

再見。

（會場響起掌聲。）

第三章

「自由、民主、信仰」
將拯救世界

——「毛澤東的靈言」講義——

二〇一九年二月十一日　於日本愛知縣　幸福科學名古屋正心館

1 成為世界命運分水嶺的「毛澤東的靈言」

從宗教的立場闡述關於毛澤東真正的評價

今天（二〇一九年二月十一日）是日本的建國紀念日，能在名古屋正心館對全國各地的人們進行說法，我感到很高興。今天我想要針對最新出版的「毛澤東的靈言」（中文版《霸主的心聲》第二部第一章「毛澤東的靈言」幸福科學出版發行）進行講義。

今年（二〇一九年）的重點是《青銅之法》（九韵文化出版發行），但在今年上半年，我想對這個「毛澤東的靈言」也傾注一些氣力。這本書有可能成為世界命運，至少是亞洲命運的分水嶺。希望各位能理解這個宗旨，盡可能地讓更多人知曉該

書內容。

　我並沒有對特定的國家懷有敵意或憎恨，也沒有對特定之人懷有好惡。但是，在看待事物上，既有著「能讓人幸福的想法」，也有著「讓人不幸的想法」。對此，我們不可以輕視或忽略。

　這就是我的宗旨，我絲毫沒有打算，要對中國文化圈的人講任何不禮貌、粗暴、看輕的話語。只不過做為想法來說，我想告訴人們「身為人應該如何取捨，應該如何選擇」，因此才揭示了這個主題。

　自毛澤東在一九四九年革命成功，建立中華人民共和國之後，至今已經過了七十年。在中國國內，當然他有著一定的聲譽，即使在日本，長期以來他也一直受到左翼言論人士和媒體的支持。

　但另一方面，近幾年關於他不為人知的各種「黑暗部分」開始浮出檯面，到了現在，很多事情

逐漸為世人得知。

對此，我想從佛法真理的觀點出發，主要講述在宗教上應說之事。

不知自己已經死亡，身在「無意識界」的馬克思

那麼，我們應該如何看待毛澤東呢？對此，我們先溯源到於二〇一〇年我所出版的《馬克思‧毛澤東的靈性訊息》（幸福科學出版發行）這本書。

毛澤東將馬克思主義奉為圭臬，以此為基礎毛澤東掀起了革命。我已於二〇一〇年，對馬克思和毛澤東兩人進行過靈性調查。

關於馬克思，他已經去世超過一百年，曾看過幸福科學書籍的人就會十分明白，他所處之地，就是地獄當中稱為「無意識界」的地方。

馬克思的靈不知道自己已經死亡，也不知道自己是以靈魂的形式存在。他認為「人既然死了，就

不可能還活著」，因此完全沒有意識到自己的死亡。說得更加直白一點，他覺得自己就是一個人被困在醫院的單人病房內。此外，他跟其他的靈人也沒有任何聯絡。這是因為他生前持有那般思想，所以死後才會變成了那種狀態。

馬克思是德國出身的猶太人，中華人民共和國曾將一座馬克思的雕像，贈送給德國總理梅克爾，如今仍佇立在那裡。

在這層意義上，即使過了一百多年，其真偽還是有難以明辨之處。

聳立於《共產黨宣言》對面的《幸福實現黨宣言》

只不過，那份心情我多少能夠理解。在我年輕的時候，馬克思有著很高的人氣。並且，一九六〇年的第一次安保鬥爭和一九七〇年的第二次安保鬥

爭中，近似於馬克思主義觀點的言論還十分強勢。大學生們其實並沒有真正閱讀過馬克思的著作，但卻有著建立在馬克思言論基礎上的思考方式，並且將《朝日 Journal》上所刊載的內容奉為「聖經」，手持那本週刊上街遊行。

他們不怎麼熟悉馬克思的思想內涵，然而卻認為「總之他很偉大」。

我不知道馬克思能否算是經濟學家，但我認為他受到宛如教主般的禮遇，其思想的廣布方式，也有一點宗教風格。

馬克思寫的皆是大作，所以想掌握其核心思想，並不是一件容易的事。在《資本論》之前，他於一八四八年寫了《共產黨宣言》一書，其中可看出他的基本思想。跟我的著作《幸福實現黨宣言》（幸福科學出版發行），正是聳立在其思想的對立面。

在收錄《馬克思‧毛澤東的靈性訊息》的時候，已經可以清楚地看到其問題點，但似乎馬克思不知道自己死後，自己的思想居然產生了那般巨大的影響力。對於之後的俄國革命和中國革命更是一無所知。

讓毛澤東的真面目大白於天下的《毛澤東的靈言》

然而與馬克思同一時間收錄靈言的毛澤東，則是有認識到自己死後，自己的國家做了些什麼。

我在一九八六年寫下《太陽之法》、《黃金之法》和《永遠之法》時，是毛澤東死後十年左右的時候。當時日本的言論界和媒體等的論調大多偏左，有很多人受到馬克思的影響。

相對於此，持保守言論的人士只有寥寥數人，一隻手就能數得過來。

在這種情況下，我雖然對毛澤東心存一定的懷疑，但他仍有很強的影響力，所以我當時的想法是，「既然毛澤東是建立了中華人民共和國之人，那他應該也有其好的地方吧！他應該是回到了五次元（善人界）[15] 吧」。

但是，之後經過了三十年，看到相繼爆發的各種事件，我認為有必要對其重新審視，所以再次收錄了「毛澤東的靈言」。

在這個靈言的最初階段，我本以為他是一個可以用話語輕鬆過招的人物，但是到了後半段，他的真面目便漸漸出現了。

---

15 在來世（靈界），根據每個人的信仰心、覺悟程度的不同，居住的世界也各不相同。地球靈界從四次元幽界到九次元宇宙界，地獄界只存在於四次元中極小的一部分。五次元世界是一個獲得了精神覺醒、棄惡從善的人們的世界。參照《永遠之法》等。

並且，在靈言內容成為書籍原稿，我在為其寫完「前言」、「後記」之後，正如該書（《霸主的心聲》第二部第二章）的追加靈言的內容，他聲色俱厲地說著「不准出版！」

　　更甚至，昨天我來到名古屋入住飯店，今天一早毛澤東的靈也來了，拚命地說著「不准在名古屋正心館進行講演（「毛澤東的靈言」講義）！」

　　附帶一提，這個前來抗議的靈言[16]，我也將其錄了下來。還尚未公開（講演當時），是今天早上才剛剛錄的。

　　此外，當時跟他對話的是我內人（大川紫央總裁輔佐）。但他實在是太囉唆了，最後便請外星人

---

16 參照二〇一九年二月十一日收錄的「毛澤東／雅伊多隆的靈言」。

注入光明介入此事。她向雅伊多隆[17]祈禱「雅伊多隆啊！請你管一下毛澤東」，於是電擊一閃，毛澤東便離開了。

只不過，雅伊多隆說「因為毛澤東的頭上沒有『天線』，電流不易通過。要是他能稍微有點頭髮的話，我還比較容易將電流打在他身上」。

事實上，如此戰鬥不是發生在反宇宙，而是發生在我前來此處講話之前。

---

17 雅伊多隆　幸福科學的幽浮解讀中發現的外星人。屬於齊塔星的姊妹星「埃爾達星」的爬蟲類型外星人種族。現在肩負著保護轉生於世間的愛爾康大靈之職責。參照《「幽浮解讀」寫真集》（幸福科學出版發行）等。

2 揭露 「馬克思主義的錯誤」

提出反對意見之前，先提示「前提」

若是說的太過於學術，有可能會讓人們難以理解，因此我會以比較簡單的方式，講述「為何我們反對共產主義」。

請務必理解到，我絕不是因為「討厭某個特定的人」，或者是「討厭某個集團」、「看不慣某著委員長的嘴臉」，進而反對共產主義。

關於共產主義的思考方式，我在年輕時期有學習過。關於這部分在「毛澤東的靈言」當中也有寫到，我曾經讀過毛澤東的著作及傳記，也讀過蘇聯的共產黨史。因為是這般的政治學徒，所以我並非在講偏見，我有認真學習過。我是站在如此的基礎

上發言。

　我是在一九八○年代後半期，對於共產主義思想開始感到有點怪異。

　當時，「以蘇聯為中心的共產圈」和「以美歐為中心的西方陣營自由主義圈」相互對立，東京大學政治學的教授亦無法判斷「究竟誰對誰錯」。所以當時出現了「姑且維持現狀比較好」的論調，「如果能夠維持權力平衡，如此狀態即能持續下去，世界也因此能維持和平。所以維持這般權力平衡才是最重要的」。當時將問題「擱置不管」，世人難以判斷「到底哪一方才對」。

　我自己在年輕時也曾讀過左翼文獻。過去我雖然是法學系的學生，但關於經濟學，我也曾經上過「近代經濟學」和「馬克思經濟學」這兩門課，《資本論》我也曾讀過。

　因此，我並不是在一無所知的情況下發言。反

之，就算是共產黨員，應該也沒幾個人真正讀過
《資本論》。

　　以上即是我今天講演的前提。

「設法縮小貧富差距」的正義感值得稱許

　　那麼，我們就來試著思考，共產主義到底弄錯
了什麼。

　　我認為馬可思的內心，有著某種宗教情懷。十
九世紀的歐洲，貧困階層與資本家階層之間有著相
當大的差距，對此馬可思當時應該是認為「必須要
設法處理這問題才行」。

　　像礦工這樣的勞動者們，包括童工在內，每天
要勞動十二個小時，女性也不得不辛苦勞動。農村
裡也有很多窮苦不堪的地方，社會上的貧富差距十
分驚人。但即便如此，王族們因為天生高貴，所以
過的是優雅的生活。

此外，馬克思也曾在英國待過一段時間，當他看到英國大地主的生活後，就開始認為「這些人住在城堡裡，自己不用工作，一邊狩獵遊玩，一邊讓小農戶們操持農業，進而從中獲利來維持生活」。

　　因此，馬克思產生了一股正義感，認為「怎可原諒如此行徑」。從那時代來看，我覺得他認為必須要有人站出來揭露這個問題才行。在這一點上，馬克思的想法還說得過去。

　　然而，若是把這種思想以政黨的方式組織化，並推展至全世界時，就會出現各種各樣的問題。或許，這也是馬克思始料未及的吧！

最大的問題是肯定「暴力革命」

　　馬克思思想最大的問題是，「只要能實現共產主義革命的目的，就算手段暴力也無所謂」，他明確地肯定「暴力革命」。

如此想法，就成為後來共產主義國家的指導者，肅清、殺害眾多人們的原因。譬如，據說舊蘇聯最少就殺害了兩千萬人，實際人數可能更多。

　　我在「毛澤東的靈言」當中說過，在毛澤東發起的「大躍進政策」和「文化大革命」中，被中國共產黨殺害的人可能高達四、五千萬。

　　此外，有一本詳細記載共產主義國家數據的書籍《共產主義黑皮書》（史蒂芬‧柯多伊斯等共著）。讀了之後就會發現，書中寫著在中國被殺的人數高達「六千五百萬」，這是一個非常龐大的數字。

　　第二次世界大戰中死亡的日本人大約三百萬，美國人大約三十萬。這樣想的話，「六千五百萬」是一個非常驚悚的數字。即使丟下原子彈，也需要六百五十顆才夠。對於詳情我們不得而知，但那可不是一個隨隨便便就殺得了的數字。

附帶一提，同樣的事情也曾發生在蘇聯的東歐共產圈的衛星國家中。另外，在實行共產主義的柬埔寨，波布[18] 這個人也殘殺了約二百萬人。從人口來看，國家的大約二、三成的人都被他殺了。

「殺掉成功人士和知識分子，就能實現平等」是地獄式觀念

　　那麼，被殺掉的都是些什麼人呢？

　　如同先前所述，共產主義認為「一部分的富裕階層成為剝削階級，財產都被他們攫取，進而造成其他人的貧窮。因此，如果將這些階級消滅，奪取

---

18 波布（一九二五？～一九九八年）柬埔寨前總理。參與創建柬埔寨共產黨，於一九六三年就任總書記。之後創建反政府武裝組織（波布派），控制了首都。一九七六年就任總理，波布政權對民眾展開大虐殺。一九七九年被解除首相職務，一九九七年被人民法院判處終身監禁。

他們的財產分給窮人，大家就可以平等地富裕」。

但是，按照如此想法，那麼基本上獲得成功的人士就變成「例外」，成為了「實現平等的障礙」，進而就會難逃被殺的命運。

如此一來，大資本家當然會被殺掉，有錢人也會被殺掉。此外，從海外歸國的人、在國外讀過書的知識分子，都會變成厭惡的對象。即便是在國內，那些大學畢業，或在那之上的研究所畢業的高學歷分子，會因為囉唆地發表言論，進而也會被殺掉吧！就像這樣，知識份子和有錢人會首先被殺害。

然而，這些人們有著許多的智慧。這些人當中有很多人具備著足以讓社會向前發展的智慧。

從這層意義上來說，「只要殺掉這些人，平等的社會就會到來」，如此想法就是地獄的開端。也就是說，這是共產主義的問題點。

共產主義革命創造出的是「如日本江戶時代一般的社會」

結果，實行馬克思主義之後出現的是「貧窮的平等」。

馬克思以為會在貧富差距懸殊的城市當中，爆發共產主義革命，但實際上爆發革命的，全都是農村。這種革命盡是發生在蘇聯和中國這樣的農業國家。

「全世界的無產階級（勞動者階級），團結起來！」雖然馬克思主張「建立由無產階級統治的國家」，但現實當中，「全員經營國家」是不可能實現的。當然，其中一定會出現一部分菁英，說得好聽一點，就會出現扁平化組織，一小撮人帶頭，其他階級都一樣高度。

回過頭來仔細想想，日本的江戶時代就是如此狀況。武士階級不到一成，其餘幾乎都是農民，農

民們在貧苦中平等地度日。

　　因此，雖然喊著「要打倒封建制度」，「要打倒君主制度」，但很意外地，之後成形的社會卻是「只有貧苦農民的平等社會」。如此現象江戶時代也發生過，因此我認為，共產主義革命與明治維新應該是不同性質的吧？

　　此外，過去在中國，因為「只要讀《毛澤東語錄》就夠了」，其他知識分子的眾多著作不是被扔掉，要不就是被燒掉。

　　有一句稍微難懂的話，叫做「民可使由之，不可使知之」，也就是說「不需要讓百姓知道那麼多，讓百姓按照我所說的去做就好了」。結果，中國的作法就類似於過去日本江戶時代之前，大名統治人民的方式。

共產主義的理想是「各依所能工作，依己所需拿取」

若是說得再淺顯一點，所謂的國家社會主義，或者終極烏托邦的共產主義，到底在追求什麼呢？

「共產主義的理想」是指「每個人各依所能工作，各依己所需拿取」，「每個人根據自己的能力範圍內工作勞動就可以了。並且，想拿多少就可拿多少，自己有多少需求就能取多少」。

如此理想，聽起來真是不錯。

用小學教育來打比方，這就像是每個人根據自己的能力，參加數學考試就好了。但是，每個人都能獲得自己想要的分數，若是每個人都想拿一百分，那麼每個人就能得到一百分。也就是說，那是一個「根據自己的能力去學習，但不管如何，最後皆能獲得一百分的社會」。

這麼一來，或許孩子們的確會感到高興，但那

之後「地獄」將隨之而來。「根據能力進行努力之後，不會受到任何好評。每個人都會獲得相同的評價」，如此平等思想看似不錯，但最後無法實行真正的教育。

方才，我以「一百分」做了比喻，但如果「將班級的平均分定為六十分」的話，情況又會變成怎麼樣呢？

「既然大家一律平等，那就必須一律設定為六十分。拿到六十分以上的人就屬於多拿了，就是剝削階級，就是強奪他人分之人」。於是，獲得六十分以上的人，也就是七十分、八十分、九十分、一百分的人們，都要被拉低到六十分。

此外，「六十分以下的人太可憐了，所以要把六十分以上的人的分數，拿一些出來分給他們，讓大家都拿到六十分。這麼一來就能實現『平均六十分』」。

這種社會就是所謂的共產主義社會。

看上去貌似和樂融融，但仔細想一想，如果這種時代持續下去，世間就會變得奇怪了，這是必然的。

3 追求「結果平等」的蘇聯及中國的「地獄」

迥然不同的「機會平等」和「結果平等」

法國大革命中也呼籲著「自由、平等、博愛」，「平等」是人們嚮往的精神。但是有一點必須注意，那就是「挑戰事物的『機會平等』與『結果平等』，兩者之間有所不同」。

我從以前就主張「應該盡可能推展機會的平等，必須給予人們機會」，根據每個人的才能和努力，「結果」自然會有所差異，對此，必須要「公平」地予以判定，這裡就是有著巨大差異的地方。

換句話說，所謂的「機會平等」，在某種意義上就是「自由」。「賦予自由」和「機會平等」是同一回事。

而「結果平等」的問題就在於，「無論勞動與否，結果都是一樣的社會，究竟是不是正確？」

　　那道理聽起來雖然好像不錯，但做為一個現實問題，狀況就十分嚴峻。

　　譬如，走在東京的街上，經過一、兩個禮拜，便會發現有些店倒閉，並被新店取代。自由主義的社會中，存在著破產的狀況。破產之後，取而代之的是新店拔地而起。

　　這對經營者來說，確實是個嚴峻的現實。但「優勝劣汰，優質產品、服務脫穎而出」，這對顧客來說，是個不錯的結果。

投票型民主主義讓「機會平等」得以實現

　　「選舉」也是如此。

　　對政治家來說，若能像封建時代一樣，一直維持住自己的地位，自然是件好事。但實際上，如同

先前所述，這和盼望顧客能買自家商品的店家一樣，得不到選票的政治家是要走人的。

投票型民主主義社會，是一個能解僱大臣甚至總理大臣的社會。投票型民主主義，基本上有著「不必殺人也能實現政權更迭或更換當權者」的優點。

國民要求政府「要確保人民投票的權利」，不難理解如此要求的理由。

曾經有段時期，只有男性擁有投票的權利。此外，在明治時代，即使是男性，也只有納稅十五日元以上的人才有投票權。

當時的錢跟現在的貨幣價值不同，所以我不知道當時的十五日元相當於現在多少錢，但如果「只有收入幾百萬日元以上的人才擁有投票權」的話，那就意味著沒有收入的無業人士，是無法透過政治途徑來表達「救救我們」的訴求。

於是，「不能單純以收入來決定是否有投票權」，這種觀點應運而生，從此，沒有收入的人也開始被平等地賦予了投票權。

此外，女性也曾經沒有投票權，但到了戰後，她們同樣被賦予了這項權利，這是理所當然的。

這就是「機會平等」。

中國需要的是「公開資訊」和「檢視是否有對人權進行打壓」

如上所述，應該賦予眾人「機會平等」。之後，再根據此人的工作成果，進行各種評定。如果不是這樣一個社會，那太不正常了。

這就是共產主義的根本錯誤所在。

只強調「結果平等」的話，最終會變成怎樣呢？結果一定會因為「嫉妒心」橫行，比其他人獲利更多的人被擊潰、肅清，甚至被處刑。這種極為

血腥的結果，歷史上曾出現過許多次。

但是，正如過去的蘇聯一樣，中國也以國家勢力極力打壓媒體，這部分既不讓國內人知道，也不讓海外的人知道。至今為止一直如此，而且越發變本加厲。

中國有多達十四億的人口，在智慧型手機如此盛行的情況下，居然還能做到訊息管控。三十萬人的「網絡警察」會立即出現實施管控。

譬如，只是因為習近平國家主席長得很像「小熊維尼」，所以光是搜尋「小熊維尼」這個詞，就會立即招來調查。「這是不被允許的，這可能是一個反革命」，馬上就會遭到調查。

我認為，這當中存在著嚴重的問題。

華人原本就善於經商，因此，只要賦予自由，就會出現眾多實現發展、繁盛的人們。但若是對其加以管控，人們即會因為無法發展，自然就會變得

怠惰。因此，我認為這樣會導致大量財富的流失。

　　現今我們想對中國說的，首先是「假如不轉變為一個讓媒體加入，使資訊公開的國家，那就沒有資格成為世界的領導者」。

　　若是政府把不好的全都隱藏起來，只把好的一面讓人看，宣稱「我們是一個好國家」，欺騙其他國家，進而將它們拉攏過來，這樣的國家，沒有資格領導世界。

　　中國終究必須要再進一步「將資訊公開」。現今中國的必要之舉之一，即是「公開資訊」。

　　另一個必要之事，即是「檢視是否有對人權進行打壓」。這個也是媒體的責任，在媒體當中的人對此必須要再多加思量才行。

在民主主義和獨裁制度中，「法治國家」具有不同的意思

　　雖然人們認為美國的川普總統常常大放厥詞，但其實他認同「神的存在」，他是一邊向神祈禱，一邊為政。

　　「相信神的存在」，這就代表此人相信「只有神是全智全能的，人並非全智全能。因此，人必須在各個關鍵區分出善惡」的道理。

　　也正因如此，「相信有神存在的國家」和「不相信有神存在的國家」，兩者之間一定會出現差異。

　　在「不相信有神存在的國家」，基本上會出現皇帝一般的人物為政。但是，當這樣的人物出現，開始如君主一般的統治的話，那麼就算制定了法律，讓國家看起來像是一個法治國家，其實那也不過是配合君主方便的法治國家而已。並且，這個君

主一定會擊潰那些試圖想要推翻自己的叛亂份子。

一定會變成那樣。

即使都叫做法治國家，「民主主義下的法治國家」和「基於獨裁制度的法治國家」，其意義截然不同。

如果只要有法律規定就好，那麼任何刑法都是有可能的。也就是說，一個國家有可能成為「如何斬首、如何砍掉手腳都沒關係」的法治國家。

而民主主義下的法治國家，終究必須「能讓每一個人去決定何種制度能讓人幸福」。當法律被制定、執行之後，如果當中出現了問題，皆能夠讓國民透過投票進行修改。如果沒有如此機制，就算標榜自己是法治國家，也是不可信任。

雖然習近平等人把現在的中國稱為「法治國家」，我認為，那應該跟真正意義上的法治國家、跟民主主義下的法治國家不一樣。

中國現在推行的「一帶一路[19]」、「海上絲路、陸上絲路」，將歐洲也劃了進來。並且他們試圖以十四億人口的力量，將亞洲各國到非洲各國的廣大地域全都納入治下。如果不同時告知人們實情的話，必定會造成人民的困擾。

維吾爾人向幸福實現黨求助的理由

特別是最近，我經常提起維吾爾、西藏、內蒙古的問題。從去年（二〇一八年）開始，維吾爾的民運人士就來到幸福實現黨，希望我們能夠提供許多幫助。

---

19 中國國家主席習近平推進的「陸地絲路」（一帶）和「二十一世紀海上絲路」（一路）的兩大經濟、外交圈構想。該構想的目的是透過亞洲基礎設施投資銀行（AIIB）在相關國家打造公路、鐵路、港灣和通訊網路等基礎設施建設，以確立新的經濟圈。

他們表示「自從二〇一二年第二次安倍政權起步之時，他們就向安倍政權請求幫助。安倍政權雖然予以聆聽，卻絲毫沒有動作」。日本政府一旦想有所行動，中國共產黨就會威脅說「會發生對你們不利的事哦」，進而動彈不得。

因此，「即使我們說破嘴，安倍還是置之不理。我們除了跟幸福科學的大川總裁傾訴之外，別無他法」，從去年秋天開始，他們就拜託我「無論如何，請幫幫忙吧」。或許他們太高估了我們的實力。

之後，在德國舉辦的講演會（二〇一八年十月七日）上，我講了這樣一番話。「德國現在正試圖加強與中國之間的貿易，但這並不是良策。必須要先釐清維吾爾的實際情形才行，他們正在打壓著人權」。

之後，在我回到日本後不久，報紙就開始報導

維吾爾的相關問題。

　　昨天我乘坐新幹線從東京來名古屋的途中，車內的電子屏幕出現這麼一則消息：「對於中國在維吾爾設立強制收容所，將百萬人關入其中，並對其實行洗腦教育及各種體罰之情形，伊斯蘭教國家土耳其發表聲明『此舉十分可悲，也難以容忍』。」看來，其他地區也終於開始發聲。

　　伊斯蘭教圈的國家，對於維吾爾問題應該是知悉的，但誰都不願站在維吾爾那一邊。那是因為，如果從中國的「海上絲路」的角度考慮，擁有大片油田地區的伊斯蘭教國家，能透過貿易獲得利益。

　　也就是說，「雖然是對同胞的遭遇見死不救，但保持沉默才能在經濟上獲得利益」。我認為如此行徑難以原諒。

　　因此，我現在認為「終於有伊斯蘭國家開始說話」。美國現在也對鎮壓維吾爾的情況，進行強烈

譴責。此外，雖然力量微薄，但幸福實現黨也向聯合國進言，直接表達了意見。

　　維吾爾深居內陸，要使其獨立並不是件易事。終究必須透過提高國際輿論、讓做為言論喉舌的書籍滲透入中國國內，或者發動改變政治形態的運動，否則別無他法。

希望讓中國改變為一個擁有「自由、民主、信仰」的國家

　　關於這一點，並非是因為我認為「這個國家實在罪惡」，而是因為我希望「這個國家當中的人民，能夠獲得真正的解放獲得自由，讓這個國家成為一個擁有『自由、民主、信仰』的國家」。

　　中國人在私底下也有信仰心，或許他們信仰的程度，和日本人差不多。雖然在表面上不會說，但在私底下會供養祖先，也有各種民間信仰。

然而，中國的憲法雖然在表面上認同信仰的自由，也承認五個左右的宗教的存在，但那些全都在警察的監視之下，地下教會遭受到了非常大的打壓。實質上，中國等同於沒有「信仰自由」。因為中國認為「宗教會以集團的方式介入政治」，所以對於宗教十分戒備。

　　對於如此情形，即使我們力量單薄，還是很想要予以解決。

　　中國共產黨是一九二一年建黨，兩年後的二〇二一年，即將迎來一百週年。我認為，他們會以此為目標，一定在計劃著什麼。「假如未來有可能會發生悲劇事件，那就要盡量事前阻止」，為此我才一直講述著意見。

4 保護「民主主義臺灣」不受中國侵略

來自臺灣前總統李登輝先生的書信

前段時間，臺灣前總統李登輝先生寄給我一封親筆信。他在信中對於我贈送給他的著作表示感謝之外，也提到他自己的近況、臺灣的情況等等。

跟信函一起寄來的，還有一個木製的四層小抽屜盒。我心想「這到底是什麼？是江戶時代的小機關盒嗎？還是裡面放了什麼貴金屬？」打開以後，竟是總結了李登輝先生九十六年生涯的 DVD 集。

整部 DVD 集的時間大約七個半小時，在來到名古屋之前觀看，確實得花一段時間，但我還是全部看了一遍。用一句話來形容，他是一位「哲人政治家」。

李登輝先生在二十二歲之前，接受的是日本教育。從小學左右開始就接受日本教育，後來前往京都帝國大學，學習農業經濟學。期間日本戰敗，他回到臺灣繼續農業經濟學的學習，之後更是赴美國留學，在康乃爾大學獲得博士學位。

　　最初他的志向並不在仕途，但蔣介石的兒子蔣經國提拔他官至副總統，蔣經國死後，他便成為了總統。

　　我就是從這麼一位先生那裡收到親筆信。這是一位比日本人還更日本人的人，我認為他體現了戰前日本最美好、最精華的部分。

　　被這樣一位先生稱讚過去日本人的美德，我有點感到害羞，「以前的日本人真的那麼優秀嗎？」但仔細想一想，某些部分真的是那樣。

　　忘記這一部分，或不分青紅皂白全盤否定「戰前的日本」，如此說法，我認為很奇怪。

日本和中國的思想著作中生死觀的差異

李登輝先生在 DVD 中所講的話語當中，我覺得有些地方很有意思。

他讀得懂日文書籍，在學生時代讀過西田幾多郎等人的作品。此外，關於武士道，他也讀過《葉隱》等書，還曾經學習過新渡戶稻造的思想。

《葉隱》這本書從一句很有名的話開始，「所謂武士道就是尋找死亡」。做為日本人的生死觀，首先必須要覺悟到「人一定會死」，進而再去思量如何度過人生，過去日本人就擁有這種卓越的觀念。也就是說，日本人是在做好赴死的心理準備，再去考慮自己應該如何面對人生。然而，中國以《論語》聞名天下的孔子曾說：「不知生，焉知死。」意思是「如果一個人不知道該如何活下去，又如何知道死後之事呢？」

記述著孔子言行的《論語》中，寫著上述這句

話，而李登輝先生則明確指出「兩者之間的生死觀截然不同」。

日本人是以「死」做為出發點。因為人本來就會死，必須抱持何時死都無所謂的心境而活。那麼應該如何活著呢？那就是「必須清心、正直、誠實地活著」。因此，日本人給人的印象是不撒謊、誠實、正直。

譬如，即便是臺灣成了日本的殖民地之後，和日本人一樣，軍隊當中也錄用臺灣人成為軍官。從這層意義上來說，日本並沒有歧視臺灣。因此，在臺灣募兵時，前來的人數居然達到招募計畫的四百倍。

此外，臺灣還有原本就住在臺灣的原住民少數民族。

日本人將戰線向南方推進時，當地有很多像草一樣的植物，一般人無法食用，但那些參加日本軍

的臺灣原住民則可以食用。日本人的腸胃不像他們那樣強韌,所以沒有辦法吃。

並且,其中有人前往遠方運補軍糧,在回到部隊的途中,雙手拿著軍糧,沒吃那些糧食就餓死了。那是因為這些人認為,「我是負責運補糧食的,是為了完成將糧食帶回部隊這一使命而去的」。所以有些原住民的士兵沒有去吃運補的糧食,就那樣餓死了;這些是李登輝先生在 DVD 當中講述的。

這應該是比日本人更日本人了吧!李登輝先生明確地表示,那樣的人確實是存在的。

除了那些內容,DVD 當中還描述了戰後的左翼媒體、中國、北韓、韓國等描述的完全不同的「日本人樣貌」。

毛澤東過於肯定「槍杆子裡面出政權」的錯誤

李登輝先生已經九十六歲（講演當時），或許今後能活躍的日子不是那麼長。因此，趁著他有生之年，必須要將這份精神流傳下去。

戰後，蔣介石在國共內戰中敗給了毛澤東，逃往臺灣，臺灣的不幸自此開始。也就是說，曾經是「日本人」的臺灣人，突然變成了「中國人」，人們搞不清自己屬於戰勝國還是戰敗國，局勢一片混亂。

然而，在孫文、蔣介石，直到後來的蔣經國、李登輝的執政過程中，臺灣一直都是依循著孫文所提倡「三民主義[20]」而施政。也就是說，臺灣重視

---

20 被稱為中國建國之父的革命家孫文（一八六六～一九二五年）倡導的思想。該思想由民族主義（從帝國主義當中獨立）、民權主義（民主制的實現）、民生主義（國民生活的安定）三部分構成。

民主主義式的思維方式及議會制，以基於民主主義的法治國家的思想營運著國家。

他在 DVD 當中說了以上的內容，而這即是現今中國所需要的。

雖然中國說「臺灣本來就是中國的，所以不管臺灣人說什麼，終得要把臺灣給拿回來」，但是看到香港那樣地抵抗著中國就會知道，已經了解何為「自由、民主、信仰」的人們，是很難加入那唯物論、無神論、一黨專政的世界中。

我說這話或許多少有些失禮，但毛澤東從一開始的出發點上就存在著錯誤。他的思想存在著錯誤，更因為對「槍杆子裡面出政權」此一思想過分肯定，進而虐殺了很多同胞。

在「大躍進政策」和「文化大革命」中犧牲了數千萬人的毛澤東

剛才我也說過，李登輝先生為了實現臺灣糧食的增產而學習農業經濟，繼承了新渡戶稻造等人的思想，創造出卓越的成果。

與此相對，戰後共產黨控制中國之後，毛澤東推行「大躍進政策」。其中的確包含了增產糧食的內容，但他是個外行，因此引發了諸多問題。

例如種植水稻。在插秧時，需要間隔一定距離將苗插下，但在毛澤東看來，這種間隔「實在浪費」。他認為「密集地插入大量秧苗，收成應該就能增加」，於是命令以「密集型」方式插秧。想當然爾，結果秧苗在營養、光照等多各方面受到影響，導致收成銳減。

此外，還由於「麻雀是害鳥，如果不消滅，收成就無法增加」，於是全國一起投入消滅麻雀的活

動。但當麻雀被消滅後，接著出現的就是大量的蝗蟲，農作物被啃噬殆盡，很多人因此餓死。

結果，這個「大躍進政策」造成了幾千萬人的死亡。

更甚至，在毛澤東的晚年，又發動了一場「文化大革命」。

在那場革命中，很多從海外歸國的知識份子、能講外語的人們、大學教授，或者像演藝人士有莫大影響力的眾多人們遭到了逮捕。現今中國人的家庭、親戚當中，有很多人曾遭到逮捕。他們受到江青為中心的「四人幫[21]」的嚴重迫害，有一、兩千萬人被殺。

---

21 四人幫　煽動中國文化大革命，鎮壓反對派人士。四人是指江青、王洪文、張春橋、姚文元。四人在毛澤東死後失勢，分別被判死刑或監禁。

大躍進政策與文化大革命的犧牲者，加起來據說有四、五千萬人，或者是六千五百萬人。雖然我不知道具體人數，但死亡人數的確非常龐大。

「自由主義」比「社會主義」更勝一籌的原因

　　為了實現社會主義的理想，一定需要一些菁英人士。如果那菁英是一個擁有超級能力的大天才，那麼有時會有順利的一面。比起凡人去匯集智慧執行，大天才去做會做得更好。但是，幾乎所有的情形都不是有那種真正的大天才出現，而是「有人自以是大天才，旁邊都是一群唯命是從的人們，然後將反對他的人除掉」。

　　那幾乎就快要等於「黑暗愚昧的君主制」。這種情形，多數人都會藉此中飽私囊。

　　之所以我認為「自由主義更剩一籌」的原因就在於此。

終究「大天才」不可能連綿不絕地出現。因此，不可以一昧等待「大天才」出現，透過教育培養出「小秀才」也未嘗不可，應該去培育這樣的人。如果是「小秀才」，那麼每年都能培養出這樣的人物，數以萬計也不是不可能。讓這些人成為經營者、政治家、各類技術的開發者等，以促進國家發展。

我要說的是，透過實踐自由主義，最後才能獲得成功，讓更多人獲得幸福。

在這層意義上，建立在「自由」和「民主」基礎上的法治國家自然不錯，但我認為若能還有「信仰」的話，那就更好了。

不希望香港和臺灣遭逢西藏、維吾爾一樣的不幸

在臺灣，蔣介石和李登輝都是基督教徒。一個「有神的國家」被一個「無神的國家」併吞，我認

為那是難以忍受的。

我祈禱在二〇二一年「中國共產黨成立一百週年紀念」時，香港和臺灣不要遭受什麼災難，但是，或許中國可能會採取什麼舉動。

譬如，據說自一九四九年中國侵略西藏以來，西藏的死亡人數已經超過百萬。在某些人的眼中，西藏的佛教徒們非常落後，並且將達賴喇嘛視為獨裁君主，這些人以「達賴喇嘛剝削農民，人民解放軍要解放西藏」的名義，佔領了西藏，讓百萬人死於非命。

此外，或許現今維吾爾只剩下一千萬左右的人口，其中應該有一百萬左右的人被送入強制收容所，也就是「再教育集中營」，另外還有二百萬左右的人們，是透過通學的方式接受著「教育」。然而，或許他們搞不好會被一口氣肅清。

我不希望香港或臺灣人也有同樣的遭遇。雖

然力量微薄，但幸福科學擁有一定的「言論力量」和「興起國際輿論的力量」，該說的話，我還是會說。

藉由「真正正確的想法」領導世界

此外，若是香港和臺灣人可能會遭逢不幸，我希望日本能盡可能讓輿論升溫，成為一個足以能幫助他們的國家。

在第二次世界大戰當中，有很多臺灣人做為「日本人」參戰。現在有很多七十歲以上人會說日語，他們曾接受過日本教育。如果臺灣人有可能面臨那般危機，我認為日本終究有著義務要予以幫助。

「毛澤東的靈言」當中，毛澤東說「一個月就可以拿下臺灣」。因為或許真的有那種情形發生，所以日本不應只單為自己，還必須遂行亞洲的領導

者的使命。今年，我將把這一點也納入幸福科學的活動方針。

自民黨主張要「復甦日本」，而幸福科學和幸福實現黨的主張則是「恢復日本的榮耀」。此外，天御祖神[22] 也說過「三萬年前，我打造了日本現代文明的基礎」。

因此，我認為「正確之人必須強大起來才行」。

我沒有打算要提升民族主義，而是認為如果是「真正的正確理念」，那就可以領導世界。

今後我會以如此方針，開展各項活動。請各位支持我們，直到最後。

（會場鼓掌）

---

22 天御祖神　被認為是相當於比《古事記》和《日本書紀》更古老的古代文獻《秀真傳》中出現的「祖」神。在幸福科學中，視其為與耶穌稱之為「天父」的主為同一靈性存在」。參照《天御祖神的降臨》（幸福科學出版發行）。

第四章

答覆加拿大民運人士的提問

Master Okawa's Answers to Canadian Activists

October 11,2019 at Happy Science General Headquarters, Tokyo

（二〇一九年十月十一日 位於東京之幸福科學總合本部）

This chapter is the transcript of the session recorded on October 11, 2019 at Happy Science General Headquarters. In the first part of the session, a video footage was shown; it was an on-site interview with three Canadian activists who attended the author's lecture, "The Reason We Are Here" on October 6 in Toronto, Canada. Then, two interviewers offered more detailed information on them, and the author gave his reply to each activist.

Activists

Gloria Fung, Canada-Hong Kong Link, President

Sheng Xue,
Vice President, The Federation for a Democratic China
Vice President of Canadian Coalition Against Communism

Rukiye Turdush, Uyghur Canadian Society, Former President

Interviewers from Happy Science

Motohisa Fujii
Executive Director
Special Assistant to Religious Affairs Headquarters
Director General of International Politics Division

Mayumi Kobayashi
Manager of International Politics Division
Religious Affairs Headquarters

* Interviewers are listed in the order that they appear in the transcript.
Their professional titles represent their positions at the time of the interview.

本章內容收錄於二〇一九年十月十一日幸福科學總合本部。收錄之際，放映了一段作者十月六日於加拿大多倫多舉行的講演會《The Reason We Are Here》（我們身於此處的理由）結束後，三位加拿大民運人士接受採訪的影片。影片播放後，兩位提問者向作者補充說明細節，最後作者答覆民運人士於影片中所提出的問題。

接受採訪的民運人士（按照採訪順序）

馮玉蘭（港加聯主席）

盛雪（民主中國陣線副主席、加拿大反共聯盟主席）

茹克亞・托度希（加拿大維吾爾協會前主席）

提問者（幸福科學）

藤井幹久（理事 兼 宗務本部特命擔當國際政治局長）

小林真由美（宗務本部國際政治局 首席主任）

※按照提問順序，職務均為收錄當時的職務。

1 Interviews with Three Activists

MC Now, Master Ryuho Okawa will give us a lecture entitled, "Master Okawa's Answers to Canadian Activists." On October 6, after Master's Toronto lecture, "The Reason We Are Here," the International Politics Division interviewed Canadian activists to hear their comments. They asked us some questions. So today, Master will give us answers to those questions. First, please watch the interview video.

[Video footage of on-site interviews after the Toronto lecture]

Gloria Fung I feel very honored to be invited here to listen to Master Okawa's very enlightening lecture today because it has covered a lot of important topics in life— the importance of the intangible values of peace, love, happiness, and more importantly, the importance of the pursuit of Truth in life.

1 對三位民運人士的採訪

司儀 現在，我們請大川隆法總裁開始法話講演《大川總裁答覆加拿大民運人士的提問》。十月六日總裁先生於多倫多的法話講演《我們身於此處的理由》結束後，國際政治局對加拿大的民運人士們進行了採訪，希望能聆聽他們的意見。採訪過程中他們提出了幾個問題，今日就請總裁先生針對這些問題回答。首先請觀賞採訪的影片。

【以下是多倫多講演後，在會場進行採訪的內容】

馮玉蘭 能夠受邀參加今日大川隆法總裁先生的法話講演，我感到十分榮幸。他的講演非常具有啟發性，內容涉及眾多人生的重要議題，譬如「和平」、「愛」、「幸福」等等，無法以肉眼所見的價值的重要性。特別是，大川總裁還提及了在人生當中「探究真理」的重要性。

I'm also enlightened by his call for concern for people around the world in their struggle against totalitarianism. This is particularly important for people like myself, who was originally from Hong Kong, because the Hong Kong people are now at the very forefront of battlefield in China fighting for core values of human rights, freedom, rule of law, and democracy, which we Canadians as well as people around the world cherish dearly. So, this is not just about Hong Kong, it's also a Canadian and an international issue. I therefore concur with Master Okawa that all of us need to support the people of Hong Kong.

I would like to seek his advice as what the people of Canada and the international community could do to support the Hongkongers in their fight against totalitarian suppression from the Chinese Communist Party, how we can stay united and take concrete actions to make a positive change in this world.

Sheng Xue   I feel very honored to be here, and I'd like to say thank you to Master because he brought the very important message to Canada in his first lecture here. He

另外，還有一點讓我深受啟發，那就是他在全世界進行呼籲，要各個國家關注正在和極權主義抗爭的人們。這對於和我同樣是香港出身的人來說尤其重要，香港市民現今正為了守護人權、自由、立法秩序、民主主義之核心價值，站在與中國戰鬥的最前線。這是我們加拿大人，以及全世界人們所重視的價值觀。因此不僅事關香港，也事關我們加拿大，這是一個國際性的問題。我非常認同大川總裁呼籲所有人都必須支持香港。

　　能否請大川總裁提示，為了支援正在與中國共產黨的極權主義暴政戰鬥的香港人，加拿人的人們以及國際社會能夠做何種努力？此外，為了讓世界出現積極的變化，我們該如何才能保持團結並付諸具體行動？

盛雪　能參加本次活動我感到十分榮幸，我要感謝大川總裁，因為他在加拿大的首次法話中，向加拿大傳達了重要的訊息，也提到中國需要改變。

also mentioned that China needs to be changed.

Happiness is the most important thing to every individual. I truly believe so. That's why we are having our life and come to this world. Everybody is trying to look for happiness, but only people who have freedom, human rights and democracy can truly enjoy happy lives. So, the whole world won't enjoy freedom and happiness until the 1.4 billion people in China are liberated from fear under the tyranny. This is a great task and a very important thing for everybody to think about. And Master has the ability so I would like to know his plan to help people in China to enjoy happiness one day, without fear and persecution from the Chinese tyranny.

Japan is becoming a great country, and is a democratic torch in Asia. I think Japan has the ability and responsibility to do more, especially to lead Asia for freedom and democracy. So, my question to Master is, "How can Japan do better and do more?" As he mentioned, related to the emergency situations in Hong Kong, the Japanese government doesn't do anything now,

我打從心底相信，幸福是對人類來說最為重要的事。這也是為什麼我們活在這世界，轉生於世間的原因。每個人都在追求幸福，但唯有擁有自由、人權、民主主義時，人才能真正享受幸福的人生。因此，若十四億的中國人無法從專制政治的恐懼當中解放出來，全世界即無法享受自由與幸福。這是一項艱鉅的任務，也是所有人都必須思考的重要問題。並且，總裁先生有著能讓中國人從恐懼當中解放出來的力量，為了讓中國的專制政治所引起的恐懼、迫害結束，讓中國人們能夠享受自由，不知道大川總裁有著什麼樣的計劃？

　　日本逐漸成為一個大國，也是亞洲當中民主主義的火炬。我認為特別是為了引導亞洲走向自由和民主主義，日本有其能力亦有其義務。我想請教大川總裁，「要如何才能讓日本採取更多的行動？」大川總裁在法話當中也提及，「關於香港的緊急情況，日本政府與其他政黨都沒有具體作為」，只有幸福實現黨採取了行動。我真的非常敬佩大川總裁做為一位靈性領袖，也能

nor do other political parties; only Happiness Realization Party takes action, right? So, I really admire that a spiritual leader also can give comments on the real problems that we are facing today.

We need to enjoy freedom and human rights together, and have democracy as a political system of the country. But our world is far from perfect. Many people are living under fear and persecution, so they cannot enjoy happiness. I'd like to really contribute my life for more and more people to live with dignity.

I came from China, and I'm a Chinese-Canadian. That's why I do care more about people in China. I think this is the nature of human beings. Don't forget that there are 1.4 billion people in China. It's a huge amount of life there. They cannot enjoy freedom, human rights and democracy, which makes the world actually very dangerous. People there are being brainwashed and pressured, and are becoming the enemies of freedom. This is the urgent threat to the whole world. Everybody needs to take the responsibility to make a change, as Master said

在我們現在面對的現實問題中做出評論。

　　我們必須共同享受自由與人權，以及擁有將民主主義做為政治體制的國家，然而，現今世界尚離如此完美境界還很遙遠，還有很多人們生活在恐懼與迫害中，無法享受到幸福。為了讓更多人們活得有尊嚴，我將貢獻我自己的人生。

　　我是來自中國的華裔加拿大人，這也是為何我會更關注於中國的人們，這是做為人來說理所當然的事。請不要忘記中國有十四億人口，有數量龐大的人命正生活在中國土地上。因為中國人無法享受自由、人權、民主主義，實際上會將世界帶入危險的境地。中國人受到了洗腦與壓迫，進而成為了「自由的敵人」，這對全世界來說構成了威脅，所有人都有責任去改變這個狀況。誠如總裁先生所言「中國需要改變」。

that China needs to be changed.

Rukiye Turdush   Thank you very much for having me today. I feel so honored to participate in this event. This is my prestige. I am an Uyghur and immigrated to Canada 20 years ago and now I am the representative of Uyghurs.

I have a message for Master Ryuho Okawa, because he knows that more than three million Uyghur people in East Turkistan are suffering in the Chinese concentration camps. The Chinese empire colonized East Turkistan in 1949 and Uyghur people are living in open prison now.

What China is doing today is not only against the people but also it is against God because people in concentration camps are forced not to believe in Islam, and only to praise Xi Jinping and Chinese Communist Party. And they force people to transform their identity into Han Chinese. This is against God's will. God created diversity of people, but China declares war against God right now.

I think your organization's mission is to steer the power of people to fight against such evil regime to make

茹克亞‧托度希　今日非常感謝邀請，可以參與這次的法話我深感榮幸。我是一個維吾爾人，二十年前我移民至加拿大，現在擔任維吾爾人的代表。

　　我有一些話要傳達給大川隆法總裁，因為他瞭解東突厥斯坦有三百萬以上的維吾爾人，目前正在中國的強制收容所當中受苦。中華帝國在一九四九年占領東突厥斯坦為殖民地，現在的維吾爾人就像生活在沒有屋頂的監獄。

　　中國的所作所為不僅是與人類為敵，同時也是對神的反抗。在強制收容所裡，人們被迫放棄伊斯蘭教信仰，只能崇拜習近平和中國共產黨，甚至被強迫漢族化。這違反神的意志，神創造了人類的多樣性，而中國現在的作為就是在對神宣戰。

　　我認為，貴組織的使命是團結人們的力量，並與如此邪惡的制度對抗，為人類創造更美好的世界。我們願

a better world for the humanity. And we are willing to cooperate with you and the Hong Kong people to fight against the evil regime of Chinese Communist Party, and against any evil governments in this world. As people living in Canada, a democratic and free country, it is our prestige and unique responsibility to use this freedom to fight against evil.

As a Canadian, I would like to work together with you and my people will work with you too. Thank you very much for everything you have done. Your organization is the only one strong organization that can steer the power of people in grass root level as well as in government level, and make sure the people in the governments who are in power to do the right things.

As Master Ryuho Okawa said, the roots of all religions are one. Islam believes in only one God, Allah, so there is no conflict with what Master said. The Jewish people believe in Elohim. Actually we say Elohim when we pray. We all have the same God. So, Elohim and Allah, and whatever the god's name may be, they are actually only

意與貴組織及香港市民一起齊心協力，對抗中國共產黨的邪惡體制以及世界上任何邪惡的政府。

做為一個生活在民主自由國家中的加拿大居民，運用如此自由與邪惡對抗，是我們的特權亦是特別的責任。我身為加拿大人，願意跟你們一起合作，我的同伴也是同樣，感謝您至今所作的一切。貴組織是唯一強而有力的團體，不僅能將基層和政府層面的人們召集起來，並確保政府官員得以正確行事。

如同大川總裁先前所述，所有宗教的根本都出自同一個源流。我信仰伊斯蘭教信仰唯一的真神阿拉，這與總裁所說的沒有衝突。猶太人信仰埃洛希姆，實際上我們祈禱時也是口稱「埃洛希姆」而祈禱，我們的神都是同一位。不管是埃洛希姆或阿拉，不論神的名字是什麼，實際上就是唯一的神。總裁所言與伊斯蘭教沒有衝

one God. Whatever Master said has nothing to conflict with Islam. I'm happy with that.

It is people who changed things because of their own interests. Now we have to go back to the Truth. Like Master said, we have to unite as one and together with the power of the Creator we can change the world.

I would like Master Ryuho Okawa to mention Uyghur crisis in his speeches and lectures. He can raise awareness on what evil countries and governments are doing. What they're doing to Uyghur people is the fact and evidence. Many people don't know about China. Some people even say, "The Chinese government is a good government. They are not like American superpower and not going to invade other countries." I hope Master Ryuho Okawa raises Chinese issues so that people can understand the true color of China. Actually, no other regime is more evil than China.

突，我為此感到高興。

人們會因為自己的利益去改變事物。如今我們應該回歸真理。誠如大川先生所言，我們必須團結一致，與造物主的力量合而為一就能改變世界。

希望大川隆法總裁先生能在各種講演中提及維吾爾的危機，總裁先生能讓人察覺這個邪惡國家、政府的行徑。他們對維吾爾人所做的都是事實且證據確鑿。很多人還不知道中國的真相，甚至還有人說「中國政府是好政府，他們與超級大國美國不同，不會侵略其他的國家」。我希望大川隆法先生能更加提及中國問題，讓人們了解中國的本性。事實上，沒有比中國更邪惡的體制。

2 Answer to Ms. Fung:
Advice to Supporters of Hong Kong Democratic Protests

MC   Now, we will like to have a Q&A session with Master Okawa.

Ryuho Okawa   OK. Is there anything you want to ask?

Fujii   Thank you for today. We'd like to ask you questions on behalf of three activists. Firstly, I will introduce their background and activities. And then, Ms. Kobayashi will add our relationship with the activists. Finally, she will ask you questions.

First person was a female activist, Ms. Gloria Fung, president of Canada-Hong Kong link. She is not just one of the most prominent activists in Canada, I believe she is the most famous and important activist in Canada against China's communist regime.

And she is gathering e-petition, because now is the time for the federal election in Canada. She is engaging to

2 回答馮玉蘭女士的提問
──給香港民主化運動勢力的建議

主持人　那麼，接下來請大川隆法總裁先生回答。

大川隆法　OK，有什麼問題想問我嗎？

藤井　今天十分感謝，請容許我代替三位民運人士提出問題。首先介紹他們的經歷和活動，接著再由小林小姐就我們與民運人士的關係進行補充，最後由她對總裁先生提問。

　　影片中的第一位是女性民運人士馮玉蘭，她是港加聯的代表。不僅是加拿大最著名的民運人士之一，也是加拿大在反對共產黨體制方面最知名的重要人物。

　　因為現在正值加拿大的大選時期，她正在網路上募集連署，希望提高加拿大政治家們對香港問題的關注。

raise awareness among Canadian politicians. Not only the Liberal Party and the Conservative Party, but all Canadian politicians should be aware of the Hong Kong issue. That's her mission now. We have relationship with her, so Ms. Kobayashi will explain about her.

Kobayashi　I met her for the first time in this May in Taiwan. She was attending as a representative from Canada to an event, which was to commemorate June 4th Tiananmen massacre. She had a very inspiring speech. So, I wanted her to come to our event as well. And when I invited her, she was very happy to attend the event because at that time her focus was on the e-petition that Mr. Fujii just said, she wanted to use this e-petition to push for Hong Kong to become Canadian federal election issue.

And I'd like to ask you a question on behalf of her. She was seeking for your advice on what Canadians as well as people around the world could do in order to support the Hong Kong people in the fight against dictatorial suppression.

不僅是自由黨和保守黨，而是要讓所有加拿大政治家意識到香港問題，這是她現在的使命，我們與她的關係，請小林小姐來說明。

小林　今年5月在臺灣，我第一次和馮女士見面。她代表加拿大參加紀念六四天安門事件的活動，發表了非常感人的演講內容，我希望邀請她參加我們的活動。就像剛才藤井先生的介紹，因為她目前致力於募集網路連署，希望用網路連署讓香港問題進入加拿大大選的議題，於是欣然接受我們的邀請。

　　容我代替馮女士提問。她想請教總裁先生，「加拿大和全世界的人們，可以做些什麼去支持香港人與獨裁暴政抗戰」。

China's strategy to change the opinion of the world

Ryuho Okawa   OK. They are very brave, I think, and they have conviction in their activities. It's good for them. I feel... the first person is Ms. Gloria Fung? She has power in her, of course, spiritual power, I felt. And her conviction is very strong. What she said will lead a lot of Canadian Chinese people. I think so.

But even in Canada, there are two groups. Generally speaking, one is acting for supporting Hong Kong,

and another one is people who are protecting Beijing, China, including a lot of students from China. So, the Chinese society in Canada is not one. And I guess the number of the people who are living in Canada from mainland China is more than Hong Kong supporters. This is the strategy of Xi Jinping, China.

They have sent a lot of people all over the world, especially the key countries for them to change the opinion of the world. Of course, it's very difficult to change the opinion of the United States of America, but it's a little

中國的戰略是改變世界的觀點

大川隆法　好的。我認為他們都非常勇敢，對於自己的活動抱有信念，這樣非常好。給我的感覺是……影片裡的第一位是馮玉蘭女士？她的內心有著力量，當然我指的是靈性力量。我認為，她的信念十分堅定，她的話語能引領眾多加拿大的華僑。

　　然而即使是加拿大，也有兩大陣營。一般來說，一個是「用行動支持香港的人們」。

　　另一個則是「保護中國北京政府的人們」，許多從中國大陸來的留學生在這個陣營當中。所以加拿大的中國人社會並非僅有一個。我推測從中國大陸來到加拿大的人數，比支持香港的人數還要多出許多，這就是習近平的中國戰略。

　　他們為了改變世界的觀點，向全世界、特別是一些關鍵的國家輸出很多人口。當然要改變美國的意見恐怕非常困難，但是要改變加拿大、澳洲、紐西蘭等國家的觀點就相對容易。或是那些苦於收入不足、歐盟的弱

easier for them to change the opinion of Canada, Australia, New Zealand or weaker EU countries who are suffering from a revenue deficit. I mean, cannot-satisfy-their-people kind of country, for example, Greece or Italy or another one. They (China) are very strategic about that, so it's very difficult. And also, they have worldwide syndicates, so they are a very tough negotiator. I think so.

Of course, these people who are struggling against Beijing to help Hong Kong people have organizations worldwide, but they are very weak, I think, in the meaning of resources and in the meaning of their opinion and their resort, how to make influence on Chinese government. So, almost all of them are asking for help from other countries, especially from strong countries like G7. But their voices are not welcomed in every country.

But little by little, the supporters are getting more and more people assisting the problem of Hong Kong. For example, I already said in my lecture in Toronto, one Canadian military ship had passed near Hong Kong. It's one demonstration for Beijing China. And before this

小國家，我是指無法讓國民感到滿足的國家，比方說希臘、義大利等國家。中國在這方面非常具有戰略性，真的十分棘手。我認為，他們不僅具有國際性的組織，還非常善於斡旋交涉。

當然幫助香港市民對抗北京政府的人們，也有著世界性的組織，但他們的力量比較微薄，無論是資金方面還是言論方面，以及對中國政府施加影響的手段方面都是如此。因此他們大部分的人都向其他國家求助，特別是那些七大工業國的強國，然而他們的聲音在每個國家都不受歡迎。

儘管如此，香港的支持者們還是逐漸地獲得人們的支援。譬如，如同我在多倫多的說法中提到，加拿大的一艘軍艦已經近距離掠過香港，這是對中國政府的一種抗議。在那次說法之前，華為公司的財務長在加拿大機場被逮捕，這是對我前往加拿大有利的事件。這意味著

lecture, they caught the CFO of Huawei at the airport of Canada, and it's very helpful even for me to go to Canada. It means Canada is standing by the U.S. government. It means so. So, it's helpful for us to hold a lecture in Toronto.

Be patient, and continue to protest using peaceful means

So, firstly I just want to say one thing. Of course, it's related to the second person, maybe. Xi Jinping's China is now thinking about separating what the Hong Kong government did and what Beijing China did, and their main strategy is to show the people of the world, all sorts of TV or newspapers writers, that this is just the confusion in Hong Kong and not the Beijing problem. This is the first strategy. I think so.

So, when I came back to Japan and read some opinion magazines of Japan, some conservative-trend magazine said that this–I mean, "this" means the Hong Kong demonstration-like thing–is like the old-fashioned

加拿大站在美國這邊，這對我們在多倫多舉行講演是有利的條件。

要忍耐，繼續用和平手段示威

所以，首先我想提及一個觀點。或許這和第二位提問的民運人士有關，習近平的中國政府試圖將「香港政府所做的事」與「中國政府所做的事」撇清關係。他們的主要戰略就是，希望向世界當中各種電視台、報社記者表示，「這只不過是香港內部的混亂，不是中國政府的問題」。我認為這是他們的第一個戰略。

我回到日本後，閱讀了一些日本政論雜誌。有些保守派的雜誌寫道，「此次的香港示威，類似日本以前流行過的學生運動（反政府運動）」。那是在我年輕時大約五十多年前的運動，有人說與此類似。日本的保守派

Japanese students' rebellion against our government. It's my younger age. It's more than 50 years ago, around that. Someone says like that. The conservative people in Japan look at the matter of Hong Kong as a left-hand side activity, like the old-fashioned students' strike in universities in Japan and all around the world. They're thinking it's like that one.

Another conservative opinion maker said that, "That is Asama Sansou Jiken (incident)," it means the Japanese Red Army's kidnapping and their fight against Japanese police and finally, they were perished by police. So, even the conservative side of Japanese opinionists is saying like that nowadays.

So, it will become the turning point, I think. I guess one is the petrol bomb, it's kaen-bin in Japanese. They say that a disguised policeman of Hong Kong did so, but when it broadcasted, people of the world, especially Japanese people, looked at that–one party is policemen shooting and attacking students or civilian people, but on another side, someone threw away the petrol bomb, so it's a not-

把香港問題看做是一個左翼活動，就像在日本或者世界上的大學中曾流行過的學生罷課運動。

其他的保守派言論的人士認為這是「淺間山莊事件」，就是日本聯合赤軍綁架人質並與警察交戰，最終被警察打敗的事件。所以就連日本的保守派人士的言論，現在也持這種論調。

因此我認為，這將會成為一個轉捩點。媒體曾報導過一則扔擲汽油彈的消息，有人說那是被喬裝的香港警察栽贓。不過當那段影片播出後，帶給全世界的人、特別是對日本人留下了不好的印象，「當警察在對學生和一般市民開槍攻擊的時候，不知道是誰扔出了汽油彈」，這讓人印象不佳。即使我想那就算是中國政府的密謀，但那也會讓世人對示威者的印象變得不好。

so-good impression. So, if it's made by Beijing's hidden project, I think so, but it's not so good for the impression from that demonstration.

So, if they seek for freedom and democracy and peace, please be patient and keep a peaceful demonstration only. They can do, of course, walking or speaking or scattering their writings, it's OK, I think. But don't resist against the violence by violence. It's not so good. It will not get the compassion from other countries, especially the Japanese people who don't like struggle or trouble or conflict. So, be careful.

It's been more than 100 days. It's enough time. When there was the Tiananmen incident, Beijing didn't even have patience to keep silence and peace for 100 days. After that, there came a very important person from a foreign country. After that time, they did Tiananmen incident. So, it's a very difficult time, I think. To get the assistance from another country, don't show the conflict as the inner conflict of Hong Kong only.

因此若是他們追求的是「自由、民主與和平」，那就需要忍耐，只進行和平的遊行活動。當然可以一邊走、一邊呼喊口號，並沿途發傳單，我認為那樣做完全沒有關係。但是以暴制暴就不可取，實非良策。那無法爭取到海外各國的同情，特別是日本人對於爭執、對立和衝突比較反感，請務必留意。

　　此事件已經持續了一百天以上，時間非常久。在天安門事件的時候，中國政府甚至都不能保持一百天的沉默與和平，當時因為有外國重要人士訪中，其後就發生了天安門事件。我認為，這是非常艱難的時期。若想得到他國的援助，千萬不能讓這一切看起來只是「香港內部的對立」而已。

Look at the situation from the objective view of an outside country

And I want to ask the demonstration people of Hong Kong, "Don't hate Hong Kong police or Hong Kong administration." They are also Hong Kong citizens. They are just obeying the order of Beijing, China, Xi Jinping regime. So, never hate the people of Hong Kong who are administrating, but please think, "This is just a problem of what they believe in or obey." This is a problem of system, and this is a problem of Marxism.

Even Xi Jinping is now spoken ill of regarding that he is wanting to replace the position of Mao Tse-tung, the founder of Chinese Communist Party. He is accused of that because (at the military parade in the 70th anniversary celebration) he rode on the same car which Mao Tse-tung used and no other person was in it (the following car). So, he was criticized that, "Xi Jinping is riding the same car with the ghost of Mao Tse-tung." He was said like that. So, the problem is very difficult.

Please look at the phenomenon from the viewpoint

從其他國家的視角客觀審視局勢

　　另外，我想要告訴香港的遊行人士，「不要憎恨香港警察和香港政府」。畢竟他們也是香港市民，只是聽命於中國政府和習近平體制的命令行事，絕對不要憎恨香港的行政人員，要認識到「這是相信什麼、遵從什麼的問題」。這是制度上的問題，也是馬克思主義的問題。

　　現在就連習近平也因為，「意圖取代共產黨的創始人毛澤東」受到詬病、糾彈。因為他在建國七十周年的閱兵典禮上，乘坐了毛澤東使用過的同一台車，後面跟著的車隊裡面卻沒有人乘坐。因此遭人非難「習近平與毛澤東的亡靈共乘一車」。這是一個非常嚴峻的問題。

　　請務必從其他國家的角度，也就是客觀的立場來看

of other countries' people, I mean, objectively. It's very important. One illustration of that is, don't use petrol bomb. It's not good for the impression to other people of the world. Especially on TV occasion, it's not so good.

The world is following my design

How to destroy the Chinese government is a huge problem, indeed. This October 1, they made a great military march at the Tiananmen Square, and they showed the new ballistic missiles which can attack even the United States of America, and of course the aircraft carriers of the U.S. Such kind of new-type missiles, they showed. If we use forceful thinking, it will make the next war. So, think very cleverly.

My opinion is, I've been fighting against Xi Jinping during these almost 10 years. When he was the vice president of China, I saw that he's a very dangerous person. After he got his presidency, it came true, and I have been making a surrounding strategy for China. So, we made a good relationship with Donald Trump, the

待此現象，這非常重要。其中一個例子就是，不要投擲汽油彈，透過電視轉播，那會讓世界各國留下不好的印象。

世界正如同我的設計發展

如何顛覆中國政府，實際上這是一個巨大問題。今年十月一日，中國在天安門廣場舉行了盛大的閱兵典禮，現場展示可攻擊美國本土的新型導彈，當然那同時也能攻擊美國的航空母艦。他們展示了這種新型導彈，如果我們採取強硬派的思考方式，恐怕將會掀起新的戰爭，因此必須明智地考慮。

過去十年，我一直與習近平進行著對抗，當他還是中國國家副主席的時候，我即看穿他是一個非常危險的人物。等他當上國家主席後，一如預料，不過我亦編織出了一張中國包圍網。我們和美國的唐納・川普建立了良好的關係，支持共和黨在大選中獲勝。

United States, and supported the victory of Republicans.

Also, we want to keep the good connections with Putin Russia, and of course, India, Nepal, Sri Lanka, the Philippines, Malaysia, Australia, and Europe. I have been surrounding Xi Jinping through my foreign activities, speeches, and lectures. I did a lot. And something's happened through my activities, for example, the policy of Australia or America. Canada is, just now. And I went to Germany. I'm making opinions of the world.

And through my mission, I have been giving opinion to our mass media. And Japan is also in the middle way now because we have a military alliance with the United States, but at the second time, we have an economic problem, so nothing strong deeds can be done by our government. They are just inviting the customers from Asian area, especially mainland China.

Japanese people cannot divide mainland China, Hong Kong, and Taiwan. But I think clearly, and in Taiwan this March, I said clearly what's the difference between mainland China and Taiwan, and in case of Hong Kong

另一方面，我們也希望與普丁的俄羅斯，當然還有印度、尼泊爾、斯里蘭卡、菲律賓、馬來西亞、澳洲，歐洲等國家保持良好的關係。透過海外巡錫的講演活動，將習近平包圍起來。我們做了許多活動之後，開始出現了許多變化。譬如，澳洲或是美國的政策，而現今加拿大也正處於那過程之中。我也去了德國。我創造出了世界的輿論。

　　此外，我透過遂行自己的使命，將我的意見傳達給日本媒體。日本現今也處於正在改變的階段。雖然日本與美國是軍事同盟，然而因為經濟因素，日本政府無法採取任何強硬的行動。他們只是呼籲人們，從中國大陸等亞洲各國前來日本旅遊購物。

　　日本人無法區分中國本土和香港、臺灣，但是我有著明確的想法，今年三月我在臺灣清楚明確地闡述中國與臺灣的不同之處，以及向臺灣人呼籲「若是香港出現了危機，請對香港人伸出援手」。現今的所有一切，都

crisis, please help Hong Kong people. I asked Taiwanese people at that time. All are in my design and direction now.

A complicated strategy to surround China through opinion and economy

But this fighting is a very huge one, so we need a surrounding strategy and we need, in the meaning of opinion, to surround Beijing China and criticize what is wrong. Its beginning is the one-party system of communism. It's the origin. And Xi Jinping is just aiming at being like Mao Tse-tung or China's First Emperor-like person. I published a lot of books regarding this matter, through Xi Jinping's guardian spirit's words.[23] So, Japanese people, including politics and the mass media, know a lot from my books, but they can do nothing.

In addition to that, there was a tax hike on this October 1—it's the consumption tax, from eight percent to ten

---

23 The author has already published a total of five books of spiritual interviews with the guardian spirit of Xi Jinping, including *Jiyu no Tame ni, Tatakau beki wa Ima* (lit. "Now is the Time to Fight for Freedom") (Tokyo: IRH Press, 2019) and *Xi Jinping Shugorei Uyghur Dan'atsu wo Kataru* (lit. "The Guardian Spirit of Xi Jinping Speaks on Suppression of Uyghurs") (Tokyo: IRH Press, 2018).

朝著我設計的方向發展。

透過言論與經濟層面構築複雜的「中國包圍戰略」

然而，這是一場非常宏大的戰役，需要一個包圍戰略。在言論方面包圍中國政府，批判他們的錯誤。中國的起點始於共產主義的一黨獨裁，這就是原點，而習近平的目標正是成為像毛澤東或秦始皇一樣的人物。對此，我透過降下習近平守護靈的話語，出版了好幾本書籍[23]來警告世人。但眾多日本人，無論是政治家或媒體，均透過我的著作了解許多真相，但他們什麼都沒有做。

不僅如此，日本從今年十月一日開始增稅，消費稅百分之八變成百分之十，今天不過是增稅以後的第十一

---

23 收錄習近平守護靈的靈言書籍有《香港革命》、《霸主的心聲》
　　等五本（均為幸福科學出版發行）。

percent. Today is just 11 days after the tax hike, but today's newspaper reported that even the 7-Eleven chain stores are scheduled to close or relocate 1,000 stores. It's a huge one. And Sogo and Seibu departments, some of them are scheduled to close. It means, there comes the consumption depression.

Recently, we are weighted, so Mr. Prime Minister Abe must be just thinking about next year's Olympics, and at that time, he expects the economic growth of Japan again. So, Japanese government people and the opposite parties also don't work about this Hong Kong matter. Only we did and said a lot. It means we don't get votes from common people because to criticize gigantic China means inviting greater depressions for us.

So, we must overcome this problem. One should be to recognize that the hike of consumption tax was a failure. We repeatedly insisted that it's not time for us to raise consumption tax. Our economic growth is only one percent, or recently, only zero percent. If we made a raise of consumption tax, it would make our economy

天，報紙就報導「就連7-11連鎖便利商店，都預計要關閉或遷移一千家的店鋪」，這是一個很大的衝擊。崇光百貨和西武百貨也有幾家店預計關閉，這意味著了消費的寒冬來臨。

最近因為加重稅金，安倍首相只能期待明年奧運會的來臨，讓日本經濟得以再度成長。此刻的日本政府官員與在野黨都只關心日本經濟，無暇顧及香港問題。只有我們不斷地為此奔走與發言，我們這樣做，意味著無法獲得一般國民的選票，因為批判巨大的中國，將使經濟變得更不景氣。

我們必須跨越這個難題。日本政府需要承認「增加消費稅是一個失敗之舉」。我們反覆強調，「現今不是調升消費稅的時機。日本的經濟增長只有百分之一，最近則是變成了零。如果增加消費稅將導致日本經濟崩潰」。

destroyed.

We have 2 times of governmental deficit compared to our total GDP, but Beijing China also has officially 2.5 times governmental deficit, or someone said 4 times government deficit, as much as their GDP. So, this is a chicken game: Japan or China, which is faster to be destroyed in the economic meaning? This is a very difficult game. I'm thinking about that.

China had made One Belt, One Road strategy. But it's at the verge of ruining now. I know about that. Mr. Kuroda, President of the Bank of Japan, made a great loan to developing countries, and he's making a competition with China's that kind of economic strategy. We are fighting in the level of economics and in the level of international monetary field. I'm suggesting a lot about that. We have our political party, and Mr. Abe's plans are almost the same as what we dispatched. Only the tax hike was too early because of declining of the economy. So, we have also the same political problem. But maybe this is not their concern about their fighting.

日本政府的財政赤字是GDP（國內生產總值）的兩倍，中國的財政赤字對外宣稱是GDP的二點五倍，也有人說是四倍。因此這是一場「懦夫賽局」，日本和中國雙方都在拚哪一邊的經濟先崩潰，我認為這是一個殘酷的遊戲。

　　中國方面雖然祭出了「一帶一路戰略」，但我認為這個戰略即將開始崩潰。日本銀行的黑田總裁對眾多開發中國家提供了大額貸款，意旨在與中國的經濟戰略競爭。這是在經濟層面，國際金融層面上的較量，對此我亦提出過各種建議。我們有自己的政黨，而且安倍先生的計畫基本與我們提出的計劃相同，只是增稅的時機操之過早，因為經濟正在下滑。日本也面臨著同樣的政治問題，但是這跟香港人民自行抗爭所關心的事情有所不同。

We have a very complicated strategy, and are fighting in a lot of aspects; just, it's a surrounding strategy for China. It's a great strategy, so I said–I didn't say the name of the country, but I already said at the lecture of Toronto that I will finish the totalitarian regime of China from 2020 to 2030. It's our fighting for them. All of the Happy Science Group is concentrating on this problem. So, in the near future, we will overcome their ambition. I think so. Please rely on me about that.

Then, I just ask you for the repetition of the Hong Kong demonstration. Please be careful about that. Now, for example, just as I planned, the Uyghur people are scheduled to be protected by the U.S. government. I let them know a lot about that kind of great suffering. So, the future will be brighter. But it's another problem. I just want to say we'll do our best, and I will tell in every chance that I want to assist the Hong Kong people's freedom. But be careful acting. Never show your weak points to Beijing or other media. I hope so.

我們有非常複雜的戰略，以各種形式進行著戰鬥，正好形成「包圍中國戰略」。這是一個巨大的戰略，我在多倫多的說法中，沒有直接說出國家名字，但我說出「我們要將中國的極權主義體制，於二〇二〇年至二〇三〇年間終結」，這就是我們的戰役。整個幸福科學集團傾全力集中在這個問題上，在不久的將來，我們即能戰勝他們的野心。對此，請各位相信我們。

　　因此，雖然我希望香港的遊行能持續下去，但請務必謹慎行事。如同我計畫的那樣，維吾爾人將會獲得美國政府的保護。我讓美國知道了維吾爾正經歷著深沉的苦痛，想必未來將變得光明。雖然這是其他的問題，我只想告訴大家，我們會傾盡全力。我們會抓住一切機會呼籲人們支持香港的自由，但請香港人務必要謹慎行動，絕不可讓中國政府或其他媒體看到弱點。

3 Answer to Ms. Sheng:
The Plan to Realize a Free China within the Next 10 Years

Fujii Thank you for your precious advice for us and Ms. Gloria Fung. We will move on to the next question.

The second person was Ms. Sheng Xue, one of the prominent Chinese human rights activists and vice chairperson of the Federation for a Democratic China. For two years, we had a good relationship with her and her organization. At first, she visited our political party, Happiness Realization Party, during her visit to Japan two years ago, and we have been keeping in touch. Then, this time, it was her first time to attend Master's event, so she was very pleased to join it. As you told us in your lecture (entitled "What I thought in Canada") yesterday, she invited Ms. Kobayashi the night before the event.

Ryuho Okawa Oh, yeah, brave. She's brave.

Fujii [Laughs.] Yes, she had a dinner with them. She

3 回答盛雪女士的問題
——為了在接下來的十年實現「自由中國」，計畫是？

藤井　感謝您給我們以及馮玉蘭女士的寶貴建議，接著容我們提問下一個問題。

　　第二位在影片中登場的是盛雪女士，她是一位著名的中國人權民運人士，現在擔任「民主中國陣線」的副主席。我們在兩年前與她及她所屬的團體締結了友好的關係。最初是在大約兩年前她來日本時，拜訪了幸福實現黨，從那時開始我們就密切保持聯絡。這次是她第一次參加大川先生的講演會，她非常高興能夠參與。就如同總裁先生在法話《在加拿大的所思所想》當中所提到的一樣，她在講演會的前一天晚上才招待了小林小姐。

大川隆法　她很有勇氣，她真的很勇敢。

藤井　（笑）是的。由於小林小姐和他們一起享用了晚

will explain about that.

Kobayashi   A lot of Chinese activists gathered at her place, and they had a discussion on the unity of groups to fight against the Chinese Communist Party's tyranny. Her house was like a shelter for people who have fled to Canada. So, once they arrive in Toronto, they will go to her house, so that they have a place to stay. I think she is a very loving person to protect all the people who have escaped from China.

I asked them, "Which party in Canada do you support? Conservative Party of Canada or The Liberal Party?" and their answer was, "Conservative Party." I asked the reason why, and they said that, "Because Prime Minister Trudeau doesn't have any idea for Chinese issues." And his father, Pierre Trudeau, was so pro-China. So, they said, "He just wants to do something that his father did." That's why they couldn't support him.

And they're hoping that, if the Conservative Party wins in the coming election, the relationship between Canada and the United States would become much

餐，不如接下來就由她來介紹吧。

小林　在盛女士家裡，聚集了許多中國民運人士，他們互相交流討論，如何能讓各民主團體團結一致，對抗中國共產黨的暴政。她家彷彿是逃亡到加拿大的人們的避難所一般，他們一到多倫多，為了尋求歇腳之處就會來到她家。我認為她這樣保護所有從中國逃出來的人們，是富有愛心的人。

當我問大家，「你支持加拿大的哪個政黨？是保守黨還是加拿大自由黨？」大家的回答是保守黨。問及理由，他們則說：「因為現在的總理杜魯道，在對中國問題方面沒什麼想法。」還有他的父親皮耶・杜魯道是親中派，所以他們說，「杜魯道只會追隨父親的腳步」，這就是他們不支持他的原因。

他們希望，若是保守黨贏得大選，加拿大與美國之間的關係就會變得更親近。這也就意味著，加拿大會緊跟川普總統的中國政策，所以他們都支持保守黨。我

closer. That means Canada will follow President Trump's Chinese policies. That's the reason why they supported the Conservative Party. We had a great discussion. Also, they hoped your lecture to be very successful, so we made a wish together for the success of your event on the following day. So, may I ask you her questions?

Ryuho Okawa Uh huh.

Kobayashi She had two questions. First, she wanted to know about Master's plan for Chinese people to enjoy happiness and freedom without persecution from Chinese Communist Party. A lot of people are suffering, as she said, so she would like you to tell us your plan to set them free.

And the second question was, you talked a little about it (in the lecture in Toronto), but she thinks that Japan is a great nation. She used the words, "a democratic torch in Asia." She had great expectations for Japan. But she feels like what Japan does is not enough. So, she was willing to ask you how Japan can do better and give more effort to fulfill its mission.

們討論了許多話題，他們都希望總裁先生的講演會能夠
圓滿成功，並且一同為了翌日的講演會的成功進行了祈
禱。接下來，容我向您提問盛雪女士的問題。

大川隆法　好。

小林　盛女士提了兩個問題。首先，她希望了解總裁
先生的計畫，如何才能讓中國人不再受到中國共產黨迫
害，讓人們都能夠享受幸福與自由。也就是說眾人正陷
入痛苦當中，請問您如何才能讓他們獲得自由的計劃？

　　而第二個問題則是，您在多倫多的講演會也曾稍
微提到，盛女士也認為日本是一個了不起的國家。她用
的詞彙是「日本是亞洲的民主主義的火炬」，她對日本
抱有很大的期待，但同時她也感覺到「日本做得並不
夠」。所以她想請問，「為了實現使命，日本要如何努
力才行呢？」

Canada should adopt the Benjamin Franklin spirit

Ryuho Okawa OK. It's also a very difficult problem. Maybe it's beyond their power today. I hope also for the victory of Conservative Party of Canada. It's Mr. Scheer's victory. If we can get such victory, there is a conservative line: Boris Johnson and Mr. Scheer and Donald Trump. These three guys are very powerful on the communist party. I think so.

I had a plan to realize that. But our followers in Toronto, or Canada, are not so great, so in the election meaning, we don't have enough power for that. So, I just want to say the mistakes of Prime Minister Trudeau. We can criticize about that, and it's good for Mr. Scheer to become the next prime minister. He is powerful now. Mr. Trudeau changed his political attitude these days, but Mr. Trudeau is still strong in Canada, so we need another "God's wind" like when we experienced Donald Trump's victory.

Canada's weak point, I already told about that. Mr.

加拿大要發揮「班傑明・富蘭克林精神」

大川隆法 了解了。這個問題亦是一個難題，或許這已超越了她們的能力範圍。我也盼望加拿大保守黨能夠勝出，也就是由熙爾先生勝出。假如真能獲得勝利，那麼就會形成一個保守陣線，由鮑里斯・強森、安德魯・熙爾和唐納・川普三人聯手，形成能與共產黨抗衡的強大陣營。

　　雖然我有可以付諸實行的計畫，但我們在多倫多或加拿大的信眾人數並不多，就選舉的觀點來看，我們的力量並不足夠，所以我才想針對杜魯道總理，指出他的錯誤。對此進行批判我們還是做得到，而且這對使熙爾成為下一屆總理也有幫助，現在的他相當有力量。雖然杜魯道總理最近改變他的政治姿態，在加拿大仍有其強大力量。因此就像當年川普勝出時那樣，我們需要另一陣「神風」再次吹起。

　　我已經說過關於加拿大的弱點。杜魯道繼承了父親

Trudeau likes to be liberal, it's from his father. But to be liberal does not mean to be democratic. Democracy is not always liberal. In these times, in the United States also, Canada also, and other European countries, "liberal" means sometimes a labor party-or communist-like thinking.

So, we must stop "liberal" to some extent, and change it to the direction of how to make their country stronger in the meaning of liberal. It's a Benjamin Franklin spirit, I think. In the meaning of Benjamin Franklin's spirit, to be liberal is good, but if we use "liberal" to save people by dint of government's power only–give money, scattering money only, or buy votes by scattering money–this "liberal" leads to hell. I want to say so.

Mr. Trudeau's father is not a god. I also want to add it. Canada is a good country, but its diversity and its tolerance are enough, and over-enough, indeed. If it's combined with too much liberal, it means Canada will be led to communist party-like country, or Sweden-like country in the meaning of environmentalists. It's almost the same.

的自由主義作風，但「自由主義」並不等於民主主義，民主主義也不一定總是自由。在這個時代當中，無論在美國、加拿大還是在其他歐洲諸國，「自由主義」有時意味著勞動黨或共產黨式的思想。

因此在某種程度上，我們必須去拉住「自由」的韁繩，使其改變方向，朝向讓自己的國家變得更為強大。我認為，這就是「班傑明‧富蘭克林精神」。雖然班傑明‧富蘭克林精神意味著「自由主義」，但是「自由」這個詞不是指用政府的力量去救人或者是撒錢。假如是透過到處撒錢來獲得選票的話，那麼我必須說，「那樣的自由會通向地獄」。

我還要補充一點，那就是杜魯道的父親不是神。雖然加拿大是一個好國家，擁有充分的多樣性和寬容性，但實際上卻是充分過頭。若是那和過度的自由結合之後，會使加拿大變成共產主義國家，或者從環境保護主義者的層面上來說，會變成像瑞典那樣的國家吧。這兩者差不多一樣。

A long timespan of planning to change the Earth

It was told that there is a 16-year-old lady who insists on environments and global warming. She was supported by two groups, one of which is assisted by Chinese money, I've heard. So, it's the strategy of Xi Jinping China. He uses environment and global warming. In China, there are very much emissions of CO2 through their coal-powered electricity, but it's a hidden part. They just want to weaken Donald Trump's America First policy. That's their aim. So, Chinese government uses only, a 16-year-old, just a small girl. It's their way.

I said that (problem of) environment is quite different. I said Donald Trump is true. CO2 emission does not have strong influence on us. If you want to stop all the CO2 by 2050, please save the poverty of the people instead. They need food, they need industry. It's important. I said so.

Global warming is not the only reason of this Earth's climate. I know a lot about that. We have designed the long timespan of planning to change this Earth and how to make civilization prosper on this Earth. So, what she said

地球的變化是一個長期計畫

　　據說有一位十六歲少女，致力於保護自然環境與全球暖化的議題。在她的背後，有兩個團體支持，其中之一便是來自中國的金援。這就是中國習近平的戰略，他在利用環境與全球暖化做文章。在中國，利用煤炭進行火力發電的發電廠，排出了驚人二氧化碳量的事情被隱瞞起來。他們想弱化唐納・川普的「美國第一」政策，那就是他們的目的。所以中國政府才會利用一個年僅十六歲的少女，這就是他們的做法。

　　我說過，「環境問題並不是世人所說的那樣，唐納・川普說的是對的」。其實排放二氧化碳所產生的影響並沒有那麼巨大，與其把重點放在二〇五〇年全面廢止二氧化碳排放，倒不如把精力用在拯救貧困人口，他們需要食物和產業，這才重要。

　　全球暖化並非導致地球氣候變遷的唯一因素，關於這點我非常清楚。我們以長期的角度去設計、改變地球，使地球上文明繁榮發展的計畫，所以她的說法並不正確。

is not right. I said so.

But Canadian people like environment. They like beaver, they like reindeer, like that. So, they are living in heaven with animals, maybe heavenly animals. So, my wife said when we visited Canada, "They need sixth dimensional world and seventh dimensional world in Canada." We could see only fourth dimensional world and fifth dimensional world. Where is the sixth dimensional world, where is the seventh dimensional world, or where is the eighth dimensional world in the air of Canada? We could not find anyone in that area like Australia when we visited it. We could not see anyone in that area because they have only 200 years or so, very short history.

So, I said there is no god in some meaning because of course, the ancient worldwide God is watching them, but Mr. Trudeau's father is not a god, of course. Alexander Wood is also not a god. So, I want our Happy Science Canadian members to become a greater person and make the world of angels in the heaven of Canada. I hope so.

And, our fighting way is to change policy of Mr.

加拿大人愛好自然環境。他們喜歡河狸、馴鹿，或許在天國裡，他們也和天國裡的動物們住在一起。也因此我的妻子去加拿大的時候，才會說「加拿大需要六次元世界和七次元世界」。因為在那裡，我們只能看到四次元或五次元的世界，「加拿大上空的某處，存在六次元、七次元、八次元的世界嗎？」就跟我之前訪問的澳洲一樣，在那些領域中沒有任何人存在。這是因為加拿大建國只有兩百年左右，歷史還太短的緣故。

　　因此我才說，「就某種意義上來說，這裡沒有神」。當然，雖然很久以前世界上的神照看著加拿大，但杜魯道的父親不是神，亞歷山大・伍德也不是神。我盼望加拿大的幸福科學信徒成為偉大的人物，然後在加拿大的天國創造出天使的世界。

　　我們的戰鬥方式是改變杜魯道的政策，並且支持熙

Trudeau and to assist Mr. Scheer. Even if we fail in this election–it's only 10 more days, so it's not enough, I think, but our activities will change Canada in the near future. And Mr. Trudeau also will change his mind; if it's bad or it's not so effective, he will change his mind. This is the political activities in Canada, we hope so.

The danger of a surveillance society ruled by AI

Ryuho Okawa   And she asked me the plan? How to dissolve China?

Kobayashi   Yes, your plan to liberate, to make Chinese people enjoy freedom and happiness.

Ryuho Okawa   Ah, it's a great problem, but the end is coming, I think. People, I mean even the people of Communists are hating the one-party system and Xi Jinping's dictatorship. As you know, there are a lot of cameras which are surveying the people, surveillance cameras, and these become 600 million cameras next year, I mean 2020. 1.4 billion people are watched by 0.6 billion cameras means two people are watched by

爾。即使這樣的方式在本次大選很難收到成效，因為只剩下十天，我認為時間不夠，不過幸福科學的活動將在不久的未來改變加拿大。如同杜魯道一樣，若局勢不好或者政策無效的話，他就會改變原先的想法。這就是我希望在加拿大進行的政治活動。

透過AI監視社會的危險性

大川隆法　此外，她的問題當中，還提到關於如何讓中國瓦解的計畫，是吧？

小林　是的。關於您要如何解放中國的人們，以及讓人們能夠享受自由與幸福的計畫。

大川隆法　嗯，這是很龐大的問題，不過我認為終點已經越來越近。因為就連共產黨人本身，也厭惡一黨專制與習近平的獨裁。如同各位所知，中國到處都有監視人民的攝影機，到了明年二○二○年更會增加到六億支。十四億人被六億支攝影機監視，這比例差不多是每兩個人就被一支攝影機所監視，宛如喬治‧歐威爾的小說《一九八四》中的電幕社會一樣，簡直令人難以想像。根本就是恐怖社會，這是恐怖社會的再次出現。

one camera, almost. No one can think about such kind of *1984*-like, George Orwell's telescreen society. It's a society of fear; fearful society came again.

The real god of China is AI. AI can decide almost everything. It's very fearful. So, we can make such kind of opinion: If people want to be free, we don't need any cameras watching us, or don't need to check every person's money's working through the electronic system. Just the controlling is everything. It's also a fearful future.

So, someone must say about another George Orwell-like warning to them. They think that, "We are a very advanced country because we can use AI and we can make slave our 1.4 billion people through AI system," but it's not good for fundamental human rights. To be free is, you can be free to think about and to walk about and to choose anything.

So, our next project is to make collapse within them by dint of our thinking or thought. "Are you happy or not?" We'll ask them and change them.

Chinese people will come to Japan, but at that time,

中國真正的神是AI（人工智慧）。由於AI幾乎可以決定任何事，所以這真的非常恐怖。我們要告訴中國政府，「如果人們想要自由，就不需要設置監視自己的攝影機，也沒必要透過電子系統檢查每個人的金錢流動」。「唯有管理才是一切」，這是多麼令人不寒而慄的未來。

　　也因此，必須要有人像喬治‧歐威爾一樣去警告他們才行。中國認為，「我們能夠使用AI，所以我們是非常先進的國家，而且還可以透過AI系統奴役十四億人」，但從基本的人權角度來說，那絕非好事。因為所謂的自由是「能夠自由思考、自由移動，自由做出任何選擇」。

　　我們的下一個計畫是要透過「思想的力量」，讓他們從內部瓦解。透過詢問「你幸福嗎？」來改變他們。

　　當中國人來到日本時，我們可以透過提問影響他

we can ask them and influence them. "Are you really happy in your society? Is this a human society or the society of happiness? If not, you should change it. If not, it's because of the difference of aim of your country. Your head of the country is just aiming at controlling people. Just controlling people means peaceful for government-side person, but common people are not happy and peaceful."

It's like the Nazism-like society. It's like the Lenin- and Stalin-like regime's style. Chinese people are not the Jewish people who were killed by Hitler. Xi Jinping is now a new Hitler who can kill 1.4 billion people. If they don't obey his order, he can kill everyone. And he is also controlling the opinion or the communication of every person through a lot of intelligent police. Hundreds of thousands of people are working for intelligence police. And to criticize the system will ruin their regime, I think.

I already told them at the Toronto lecture that one is mass murder, second is the secret police, and the third is a concentration camp. These are the characteristic points

們，譬如「在你們的社會生活真的幸福嗎？那是一個人間的幸福社會嗎？如果不是，就應該要加以改變。中國的國家目標錯了，你們國家領導人只想要控制國民。控制國民就是政府要的『和平』，但對國民來說一點也不幸福，一點也不和平」。

那是一個類似納粹的社會，類似列寧體制或史達林體制。中國的人們不是被希特勒屠殺的猶太人，但是今日的習近平，卻是可以奪去十四億人性命的「新的希特勒」。凡是不聽自己命令的人便格殺勿論，甚至透過數量龐大的網路警察，控制著社會輿論與每個人的通訊內容，網路警察的工作人員有將近幾十萬人。我認為透過批判這個系統，就能顛覆他們的體制。

我在多倫多的說法當中也曾提到過，極權主義的特徵，第一是「大規模殺戮」、第二是「秘密警察」、第三是「強制收容所」，那就宛如希特勒或是史達林那樣

of a totalitarian regime, a dictatorship regime like Hitler or Stalin, I already said so in Taiwan. So, it's a battle of thinking, a battle of opinion.

Above economy and politics lies God's justice

So, Japanese people, just stop thinking about money or income only. We must think about politics. And above politics, there is God's justice! This is what Happy Science is teaching Japanese people. Japanese people or Japanese government think about economy and income and money only. We were told that Japanese are "economic animals" before we experienced the great depression through 1990's. We are told that Japanese are economic animals. Now, still, its criticism can survive if we cannot change our mind. We must seek for world justice, God's justice, and have responsibility. It's very important.

I saw almost the same thing in Canada. Canada has some kind of freedom and tolerance, indeed, but I felt a little responsibility. Of course, they think, "We are a not-so-large country and have a not-so-large population, so we

的獨裁統治，對此我在臺灣的說法也提到過。這是一場思想戰、言論戰。

在經濟和政治之上，還有「神的正義」

　　幸福科學一直在教導日本人的，就是「日本人不可只考慮金錢、收入，應該多關心政治，並且在政治以上，尚存在著『神的正義』」。日本人與日本政府，都只考慮經濟、收入和金錢。據說日本人在一九九〇年的經濟大蕭條之前，被叫做「經濟動物」。這樣的評價，至今依然存在，除非我們改變我們的想法。我們必須去追求「世界正義」、「神的正義」，必須負起責任，這一點非常重要。

　　我在加拿大看到了幾乎差不多的情況。加拿大的確存在著某種「自由」與「寬容」，但老實說，我只能感受到一點點的「責任」。當然他們可能考慮的是「自己不算特別大的國家，人口也不多，不具有世界級的力

don't have enough power worldwide." They should think so, but it's the same in Japan also. Canada and Japan also, we belong to G7, and we must have responsibility and want to say something to China who does not belong to G7.

The United Nations permanent members are five countries: The United States of America, the U.K., France, China, and Russia. China and Russia are always the problem. So, we must remake this system also. It was just active at the end of World War II, but now it's not active, it's not effective. We must change this UN. Japan has been the No.1 or No.2 country of "happiness planting" (contribution) for the UN, but we don't have enough opinion to speak to them. So, we must say something to the UN.

If they won't receive our opinions, we don't support them in the meaning of budget. We must be a politician in this meaning and must be stronger than we used to be. So, these things I'm thinking about.

In this meaning, we, Happy Science, need a lot of

量」，而日本也是一樣。但無論日本還是加拿大都是七大工業國的一員，兩國都應該負起責任，對不是七大工業國成員的中國表達意見才是。

雖然聯合國常任理事國為美國、英國、法國、中國和俄羅斯五個國家，但中國和俄羅斯總是出問題，應該重新制定這個制度。即便這個制度在第二次世界大戰結束時起到了作用，卻無法適應當前的情況，已經失去了實際的功效，我們必須要改革聯合國才行。日本一直位居聯合國會費貢獻榜的第一名或第二名，但我們卻沒有充分的發言權，因此我們必須對聯合國喊話。

假如聯合國不接受日本的觀點，我們就從財政方面下手，停止資助聯合國。此時我們應表現得比以往更加強硬。這就是我的看法。

從這層意義上來說，我們幸福科學需要更多的信

members, more members, and more branches all over the world, and of course, have more power in Japan also. But our age will come in the near future. We will change the world, next 10 years. It's my answer.

眾，需要在全世界建立更多的支部，當然在日本國內也需要變得更有力量。在不久的未來，我們的時代將會來臨，接下來的十年，我們將改變世界。以上即是我的回答。

4 Answer to Ms. Turdush:
A Message to Fighters Who Have Faith in God

Fujii Then we are moving on to the third person. She is Rukiye Turdush, former president of Canadian Uyghur Society. She is an enthusiastic activist. A few years ago, she found Master's book online. She already read *Into the Storm of International Politics* and told us that Master is great and she is big fan of Master. Her impression of the book was, "Master's view on world affair is very clear and to the point." She is very close to our team. Ms. Kobayashi will explain our relation with her.

Kobayashi Yes. On the next day, she invited me to her house. It's two hours' drive. That means she drove two hours to attend your lecture. And she said, after she read the book *Into the Storm of International Politics*, she was very impressed.

Even though she missed your lecture in New York,

4 回答托度希女士
——致信仰神的鬥士們

藤井 接下來，容我們提問第三位民運人士的問題。她是茹克亞・托度希，加拿大維吾爾人協會的前主席，熱心的社會民運人士。幾年前她在網路上接觸了大川隆法先生的著作，她曾閱讀了《剖析國際政治》這本書，她說：「大川先生很了不起，我是他的粉絲。」據說她對大川先生的著作的印象是「看待國際問題的角度非常通透，一語中的」。她與我們的團隊關係非常親密，請小林小姐來具體說明。

小林 好的。在多倫多講演會的第二天，托度希女士曾邀請我去她家做客，車程大概兩小時。這意味著，她是特地開了兩小時的車來參加講演會。她表示：「讀了《剖析國際政治》後非常感動。」

　　雖然她錯過了大川先生在紐約的講演會，但是她打

she was thinking to herself that if you, Master, ever come back to New York, she was willing to attend from Canada to New York, just for your lecture. So, when I invited her to the event, she was super happy and decided to attend on the spot. She was looking forward to your visit for a long time.

Fujii　This February, she was invited to an event at McMaster University as a speaker. But some student protesters from China interrupted her. It was a kind of incident, so even the U.S. media covered it. So, she is very famous for her anti-communism activity as an Uyghur.

Kobayashi　It showed that there are so many Chinese student groups in Canada, which are against those activists. So, all those three people are really fighting against Chinese Communist Party in spite of repeated interference from those groups.

Her question was that, a lot of Uyghur people as well as Tibetans, Inner-Mongolians, and Christians in underground churches are suffering under severe oppression. They are losing hope because of the

算，如果今後大川先生再來紐約的話，她一定為了您的講演會專程前往紐約。所以當我邀請她參加講演會時，她非常開心，當下表明一定會來，她對大川先生的多倫多巡錫期待已久。

藤井 今年2月，她受邀參加麥克馬斯特大學的活動，擔任演講嘉賓。不料卻遭遇中國留學生的抗議和阻撓，現場有些騷動，美國媒體還就此事進行報導。做為一名反對共產主義的維吾爾民運人士，她是相當有名的人。

小林 這一件事也說明了，在加拿大有很多中國留學生團體，他們相當反對這些民運人士。儘管這三位民運人士受到各個團體的諸多阻撓，卻依然頑強地與中國共產黨進行抗爭。

她提出的問題是，有許多維吾爾人、西藏人、內蒙古人甚至地下基督徒等等，在嚴酷的鎮壓下都苦不堪言，正逐漸喪失希望。但她相信「沒有惡魔能夠戰勝神，只要一直站在神那一方，勝利就與自己同在」。她

oppression. But she believes that no devil can defeat God. She believes that she's always on the winning side as long as she's with God, so she has very strong faith in God. Could you please give your message to those fighters who have faith in God? Thank you.

The world is now changing after I gave lectures in Germany and Taiwan

Ryuho Okawa　OK, OK, OK. Ms. Rukiye Turdish who came from Uyghur. Yes, I'm very much impressed from her interview. She is a religious person, so I also was moved by her voice. She said, "Allah and Elohim are the same. And we sometimes pray for Elohim," she said. It's a good point.

I firstly heard about the problem of Uyghur last summer, not this year, but the previous year's end of the summer or September. Activists of Uyghur problem came to our Happiness Realization Party and said that, "We asked Prime Minister Abe or around him about the problem of Uyghur, but Mr. Abe or the LDP, Liberal

對神有非常虔誠的信仰之心，能否請您對信仰神的鬥士們說幾句話，非常感謝。

我在德國和臺灣舉辦過講演後，世界正在發生改變

大川隆法　好的，我明白了，維吾爾人茹克亞・托度希女士是吧？她的受訪影片我看了很有感觸，她是一位宗教人士，她的聲音讓我相當感動。她說，「阿拉與埃洛希姆相同，她也經常向埃洛希姆祈禱」，這是一個很重要的觀點。

　　最初我是在去年夏天聽到關於維吾爾問題的事，不是今年，而是去年9月的時候。維吾爾民運人士前來拜訪幸福實現黨，他們說：「關於維吾爾問題，我們曾向安倍首相以及他周邊的人求救過，但安倍首相和自民黨都沒有行動，所以我們希望大川隆法總裁能夠幫忙。」在去年十月德國的講演上，我第一次提到了東突厥斯坦的問題。正式的名稱是「東突厥斯坦問題」，但是大部

Democratic Party, did nothing. So, we need help of Master Ryuho Okawa." I've heard that, so I made a lecture last October in Germany and I firstly referred to East Turkistan problem–formally, it's East Turkistan problem, but almost all Japanese don't know about that, so "Uyghur problem".

There are millions of people who are suffering from the persecution from Beijing, China, like the Jewish people were done from Adolf Hitler. I said so. After last October's lecture, two or three days later, China's government admitted that there was a concentration camp of Uyghur people. They formally admitted that.

But at that time, they said, "We are just educating. Educating because, Uyghur people, if they are educated through their own culture only, they cannot get jobs from other Chinese companies, and they cannot enter the universities of China. So, we want to change their education and teach them Chinese, and in addition, to train how to behave like Chinese." They said so. But they admitted to the concentration camp.

I referred to this problem again, this March, in my

分的日本人都不知道這個國名，所以我才使用「維吾爾問題」這個說法。

我在說法中曾經提到，有數百萬人受到中國政府的迫害，就如同遭受阿道夫・希特勒迫害的猶太人那樣。在去年十月講演的兩三天後，中國政府承認了維吾爾人強制收容所的存在，這是官方正式承認。

然而，當時他們的說法是：「我們只是在進行教育，因為維吾爾人如果只接受他們自己的文化教育，就無法在其他中國企業工作，也無法進入中國的大學學習。我們希望改變他們的教育、教他們中文，並訓練他們與中國人一樣的行為舉止。」這種說法等於是承認了強制收容所的存在。

關於這個問題，我曾在今年三月臺灣的講演上再次

Taiwan lecture, and at that time, also, I referred to Hong Kong problem. "Taiwan should be Taiwan. 'One country, two systems' doesn't work. So, please keep your freedom, democracy, and prosperity," I said to them. At that time, Tsai Ing-wen had a lesser power, but now, she recovered again, and she will win in the next election. I hope so. Its starting point was my lecture. And, at that time, I also said that, "Please help Hong Kong people. If they are in trouble, please help them." I said so.

Now, Taiwan people are assisting Hong Kong people, indeed. To protect Hong Kong means to protect Taiwan. To protect Taiwan means to protect Japan, and to protect the Philippines or Vietnam or other countries.

Xi Jinping is now traveling around India and Nepal because of trading problem with the United States of America. He wants to make a new way for their trading system. But in these countries already I made a lecture, so they will not change their mind in the main concept. So, we will continue the surrounding-China strategy, continuously.

提及，當時也談論到了香港問題。我說：「臺灣應該就是臺灣，一國兩制行不通。你們要守護自己的自由、民主主義與繁榮。」當時，蔡英文的聲勢較弱，不過現在則已經恢復，我希望她能贏得下屆大選。她的聲勢恢復的契機，就是我當時的那場講演。在臺灣的講演中我也呼籲，「請一定要幫助香港人，請在他們需要幫助的時候伸出援手」。

現今實際上臺灣的人們正支持著香港人。守護香港就意味著守護臺灣，守護臺灣就意味著守護日本、守護菲律賓、越南等其他國家。

習近平現在因為與美國的貿易戰而出訪印度和尼泊爾，他希望為他們的貿易體制開闢一條新道路，但這些國家都是我已經進行過巡錫說法的國家，因此應該無法改變他們中心的想法，我打算繼續進行包圍中國的戰略。

The end of China: its economic collapse

And I will collapse the economy of Communist Party. It is said that, if the economic growth were less than seven percent, the one-party system will be collapsed.

I've heard so. Now, they are around six percent economic growth, but this is just a lie. Their development speed is lower than this one, almost the same as Japan or so. So, people will know the reality of their economics.

In the country of China, "What God is" means economic growth. They had been making a great economic growth through these 30 years. This is their religion. This is their faith. Their faith in communism or socialist system is better than American way of capitalism or Japanese way of system. But Mr. Donald Trump already found what happened in these 30 years. And in Japan also, I already found what happened to China and what happened to Japan. I already told a lot about that. It was American policy to help China and make Japan lose, but they changed their mind. They will assist Japanese economy and they will want to ruin Chinese economy.

經濟崩盤就是「中國終了」之時

此外，我認為要讓共產黨統治下的經濟崩盤。曾經聽過一種說法是，「中國的經濟成長率如果下跌到百分之七以下，一黨專政就會瓦解」。

現在，雖然中國表示他們的經濟成長率是百分之六左右，但那是謊言，因為中國的發展速度是在百分之六以下，幾乎和日本差不多，人們會逐漸意識到中國經濟學的實際情況。

中國這個國家，若要說什麼是神，經濟成長就是神。中國在過去三十年間，雖然保持高度的經濟成長，但這就是他們的「宗教信仰」，這就是他們的「真理」。他們對共產主義及社會主義制度的信仰，讓他們覺得自己比美式資本主義或日式的做法要來得更優異。不過他們在這三十年究竟發生了什麼，唐納‧川普已經有所察覺。日本也是一樣，我已經注意到「在中國發生了什麼，在日本又發生了什麼」，並且不斷重複的說明這種狀況。雖然美國的政策原本打算幫助中國發展，讓日本衰弱，如今美國已改變了這種想法。美國會幫助日本復興經濟，使得中國經濟崩壞。我在此明言，這就是「接下來的十年」。

This is the next decade, I surely said so.

So, they will suffer a worldwide ruin. One Belt, One Road system will be ruined in the near future, and I will, we will ruin them. In this context, "we" includes our Happiness Realization Party; we must make the next strategy for Japanese economic growth, and we must again get the No.2 of the economic level. At that time, it will be the end of communist one-party system, the end of China. I think so. We have such kind of strategy.

Elohim's promise to His people of Uyghur

Ryuho Okawa   And this Ms. Rukiye Turdush, she had a deep faith in God. I'll answer her.

This is the voice of Elohim, Your God.
Your Uyghur people's God is here in Japan!
So, I will save you.
I will save you.

This is the promise of God!

也因此，中國會遭受國際性的毀滅，一帶一路制度不久就會露出瓦解。我們會讓它瓦解，這個「我們」也包括了幸福實現黨，我們必須為日本的經濟成長確立下一個戰略，必須讓日本的經濟重新回到世界第二的水準。屆時就是「中國共產黨一黨獨裁的終了之際」，亦是「中國的終了」。這就是我們的戰略。

維吾爾人之神埃洛希姆的承諾

大川隆法　這位茹克亞‧托度希女士是對神抱有虔誠信仰之人，我要回應她。

這是你們的神，埃洛希姆的聲音。
你們維吾爾人的神，現在就在日本！
因此，我會拯救你們。
我會拯救你們。

這是神的承諾！

So, please believe in me!

I will set you free in the near future!

I will do my best,

We will do our best,

And you can continue

Your faith in God.

You will be safe.

I hope so,

I want to do so,

And I will save you.

Kobayashi　Thank you so much for your great message. We will make sure that your message will be heard by every single person. Thank you so much.

所以，請一定要相信我！

在不久的將來，我將會給你們自由！

我將傾盡全力。

我們將傾盡全力。

你們可以持續你們對神的信仰。

你們會得到安全。

我祝福你們。

我願意這樣做。

我會拯救你們。

小林　感謝您的美好話語，我們必定會將您的話語傳達給每個人，非常感謝您。

5 God's Plan and Our Mission

Fujii Thank you for your precious answers to the questions. Lastly, just for your information. On Tuesday this week, it means just two days after the Toronto event, BBC, one of the major TV networks, offered to broadcast Reigen (spiritual message) from Margaret Thatcher[24].

Ryuho Okawa Margaret Thatcher... OK.

Fujii They asked it to our London shibucho (branch manager). She succeeded in promoting Reigen in London. This is very precious information, because I think it means Master made a huge impact in Toronto. So, every British media knows that. I believe so.

---

24 Here, he is referring to the spiritual messages from Thatcher given on April 9, 2013, just 19 hours after her death. See Ryuho Okawa, Margaret Thatcher's Miraculous Message: An Interview with the Iron Lady 19 Hours After Her Death (New York: IRH Press, 2013).

5 神的計畫與 我們的使命

藤井 非常感謝您，賜予寶貴的回答。最後我想告訴您 一個訊息，本週二，也就是多倫多講演的兩天後，主流 媒體BBC（英國電視廣播公司）便聯繫我們，希望能讓 他們播出瑪格麗特・柴契爾夫人的靈言[24]。

大川隆法 瑪格麗特・柴契爾……是。

藤井 他們詢問幸福科學的倫敦支部長，她在倫敦推廣 靈言非常成功。這是一個重要的訊息，因為這說明了總 裁先生在多倫多的講演引起非常大的迴響，我相信，英 國所有的媒體都已經知曉這件事。

---

24 二〇一三年四月九日，在柴契爾夫人逝世十九小時後，便收 錄了柴契爾夫人的靈言。參照《柴契爾的靈性訊息》（幸福科 學出版發行）。

Ryuho Okawa Ah, really? OK. I appreciate it. Yes, we need a new message from Margaret Thatcher or Winston Churchill or the guardian spirit of Boris Johnson in the near future. Next strategy for London or New York, we must make some plan for that.

I'll add that I already predicted the birth of President Mr. Donald Trump in the year of 1989 in my book, *Invincible Thinking*. Almost 30 years ago, firstly. Second is, January of 2016, and next is the autumn, one month before the general election. I predicted the victory of Donald Trump in New York lecture. Even our followers said, "Oh, Master, you should never have said so. We are convinced that Mrs. Clinton will win. It's already fixed, so it's a mistake." They said, but Donald Trump won. It's God's plan.

So, he is required because of the fight against China. He is wanted to fight against China, and we, also, have such kind of mission. So, the future will be brighter. I want to say so. Thank you very much.

大川隆法 是這樣啊。好的,這是一件值得高興的事。關於瑪格麗特・柴契爾、溫斯頓・邱吉爾的新靈言,以及鮑里斯・強森守護靈的靈言,必須在最近開始著手進行。並且就接下來在倫敦和紐約的戰略,也要開始計畫才行。

附帶一提,我在一九八九年的書中就已經預言唐納・川普總統的誕生,就在《常勝思考》這本書。我在大概三十年前,第一次預言此事。第二次是二〇一六年的一月,第三次則是美國總統大選的一個月前,秋天在紐約說法講演時,我又預言了唐納・川普的勝利。當時本會的信徒還勸我說「總裁先生,還是別說這個比較好,獲勝的肯定是希拉蕊,這已經是毫無懸念,您那樣說會錯的」。但是,唐納・川普勝出了,這就是神的計畫。

因此,為了與中國進行較量,川普總統的出現是必須的。他被要求要與中國戰鬥,而我們也具有同樣的使命。因此,「未來將會一片光明」,這是我想要告訴大家的訊息,謝謝。

後記

　　據說，二〇一八年前往臺灣的日本觀光客約二百萬人，臺灣前往日本的觀光客則有四百數十萬人。兩國距離近，旅行便利，又互有親近感，但許多日本人不知道中國與臺灣的問題。

　　日本外務省也在看北京的臉色行事，戰戰兢兢小心翼翼。

　　在本書中，我所主張的「徹底守護臺灣的自由」是一件正確之事。我還主張「將中華人民共和國臺灣化、香港化，實現民主化」。這就是地球神的想法。此外，我還明確地說出日本人應有的思

維，並講述了現代武士道應有之道。「下定決心」
亦很重要。

　　但願有眾多日本人、臺灣、中華人民共和國的
人們，以及美國、歐洲的人們能夠閱讀此書。

　　二〇一九年三月九日
　　幸福科學集團創立者兼總裁　大川隆法

以愛跨越憎恨

推動中國民主化之日本與台灣的使命

作　　　者／大川隆法
翻　　　譯／幸福科學經典翻譯小組
主　　　編／古心如
副 主 編／簡孟羽
封面設計／張天薪
內文設計／黛安娜

出版發行／台灣幸福科學出版有限公司
　　　　　104-61 台北市中山區中山北路三段 49 號 7 樓之 4
　　　　　電話／02-2586-3390　傳真／02-2595-4250
　　　　　信箱／info@irhpress.tw

印　　　製／鴻嘉彩藝印刷股份有限公司
總 經 銷／旭昇圖書有限公司
　　　　　235-57 新北市中和區中山路二段 352 號 2 樓
　　　　　電話／02-2245-1480　傳真／02-2245-1479

幸福科學華語圈各國聯絡處／
　　　台　　　灣　　taiwan@happy-science.org
　　　　　　　　　　地址：台北市松山區敦化北路 155 巷 89 號（台灣代表處）
　　　　　　　　　　電話：02-2719-9377
　　　　　　　　　　網頁：http://www.happysciencetw.org/zh-han

　　　香　　　港　　hongkong@happy-science.org
　　　新 加 坡　　singapore@happy-science.org
　　　馬來西亞　　malaysia@happy-science.org

書　　　號／978-986-98444-1-3
初　　　版／2019 年 12 月
定　　　價／350 元

Copyright @ Ryuho Okawa 2019
Traditional Chinese Translation © Happy Science 2019

Originally published in Japan as
'Ai Wa Nikushimi Wo Koete'
by IRH Press Co., Ltd. in 2019, and
'Ima Motomerareru Sekai Seigi Chapter 3'
by IRH Press Co., Ltd. in 2019

國家圖書館出版品預行編目 (CIP) 資料

以愛跨越憎恨：推動中國民主化之日本與台灣的
使命／大川隆法作；幸福科學經典翻譯小組翻譯.
-- 初版. – 臺北市：台灣幸福科學出版，2019.12
232 面；14.8×21 公分
　ISBN 978-986-98444-1-3（平裝）

1. 新興宗教　2. 宗教與政治　3. 言論集

226.8　　　　　　　　　　　　　　108019386

著作權所有 ‧ 翻印必究
本書圖文非經同意，不得轉載或公開播放

IRH Press Taiwan Co., Ltd.
台灣幸福科學出版有限公司

104-61 台北市中山區中山北路三段49號7樓之4
台灣幸福科學出版　編輯部　收

以愛跨越憎恨

推動中國民主化之
日本與台灣的使命

Ryuho Okawa
大川隆法

台灣幸福科學出版有限公司

非常感謝您購買《以愛跨越憎恨》一書，
敬請回答下列問題，我們將不定期舉辦抽獎，
中獎者將致贈本公司出版的書籍刊物等禮物！

讀者個人資料　　※本個資僅供公司內部讀者資料建檔使用，敬請放心。

1. 姓名：　　　　　　　　　性別：□男　□女
2. 出生年月日：西元　　　　年　　　　月　　　　日
3. 聯絡電話：
4. 電子信箱：
5. 通訊地址：□□□-□□
6. 學歷：□國小 □國中 □高中／職 □五專 □二／四技 □大學 □研究所 □其他
7. 職業：□學生 □軍 □公 □教 □工 □商 □自由業 □資訊 □服務 □傳播 □出版 □金融 □其他
8. 您所購書的地點及店名：
9. 是否願意收到新書資訊：□願意　□不願意

購書資訊：

1. 您從何處得知本書的訊息：（可複選）□網路書店　□逛書局時看到新書　□雜誌介紹
　　□廣告宣傳　□親友推薦　□幸福科學的其他出版品　□其他

2. 購買本書的原因：（可複選）□喜歡本書的主題　□喜歡封面及簡介　□廣告宣傳
　　□親友推薦　□是作者的忠實讀者　□其他

3. 本書售價：□很貴　□合理　□便宜　□其他

4. 本書內容：□豐富　□普通　□還需加強　□其他

5. 對本書的建議及觀後感

6. 您對本公司的期望、建議…等等，都請寫下來。

Ⓡ IRH Press Taiwan Co., Ltd.
台灣幸福科學出版有限公司